Mulheres Poderosas na Cama

Elizabeth Hilts

Mulheres Poderosas na Cama

Como lidar com os homens certos
– e dispensar os errados

1ª reimpressão

Academia

Título original: *The bitch in the bedroom – Your inner bitch guide to men and relationships*

Tradução: Books & Ideas
Preparação: Malu Rangel
Revisão: Paula B. P. Mendes
Diagramação e projeto gráfico de miolo: Balão Editorial
Capa: Silvana Mattievich

CIP-BRASIL. CATALOGAÇÃO-NA-FONTE
SINDICATO NACIONAL DOS EDITORES DE LIVROS, RJ

H55m

Hilts, Elizabeth
Mulheres poderosas na cama / Elizabeth Hilts ; [tradução de Books & Ideas]. - São Paulo : Planeta, 2013.
192p.

Tradução de: The bitch in the bedroom
ISBN 978-85-422-0017-1

1. Relação homem-mulher. 2. Encontro (Costumes sociais). 3. Mulheres - Psicologia. 4. Assertividade em mulheres. I. Título.

12-8050. CDD: 306.73
CDU: 392.4

2013

EDITORA PLANETA DO BRASIL LTDA.
Avenida Francisco Matarazzo, 1500 – 3º andar – conj. 32B
Edifício New York
05001-100 – São Paulo-SP
www.editoraplaneta.com.br
atendimento@editoraplaneta.com.br

Para os verdadeiros amores da minha vida:

Neil Swanson, Shannon Hector
e Cassidy Elizabeth Singleton.

E para Bernie e Mace – queria que
vocês estivessem aqui.

"Você só passa a incomodar quando começa a fazer sucesso."

~ Judith Regan ~

~ Agradecimentos ~

Pelo apoio duradouro e inesgotável, a autora gostaria que fosse possível fazer algo mais para agradecer a: Neil Swanson, Shannon Hector, Cassidy Singleton, Laura Fedele, Elaine Osowski, Michael Dumez, Dawn Collins, Felicia Robinson, David Robinson, Mary Brill e Mace Norwood.

Novamente, agradecimentos muito especiais a Deborah Werksman, cuja fé levou a mulher poderosa que existe dentro dela mais longe do que qualquer uma de nós imaginou que ela fosse capaz.

E um enorme "muito obrigada!" a todas as mulheres e a todos os homens que morreram de rir com a mulher poderosa interior.

Sylvia **por Nicole Hollander**

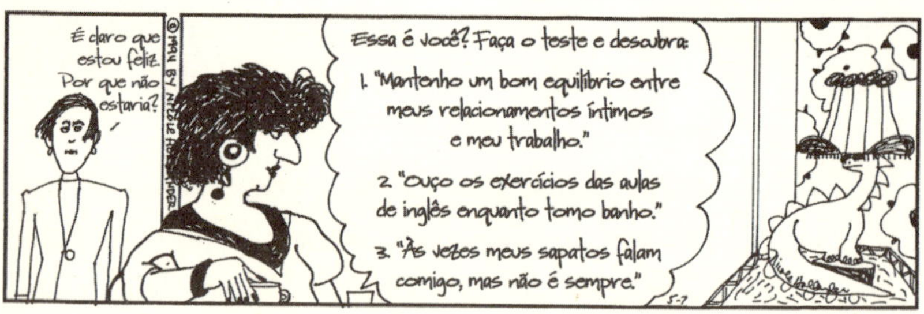

Sumário

"A intimidade é uma arte complicada."

~ Virginia Woolf ~

~ Introdução ~

Em meu primeiro livro, *Descubra sua vaca interior – Manual da mulher poderosa,* identifiquei um fenômeno comum ao qual dei o nome de "Bondade Tóxica". A Bondade Tóxica é uma coisa para a qual as mulheres são treinadas desde a mais tenra infância, e a manifestação mais comum desse mal é dizer "sim" quando essa não é necessariamente a sua vontade. (A título de esclarecimento: ao dizer "sua" quero dizer "nossa", ou, ainda, "de alguém". Mas, enfim, não estou aqui para ensinar ninguém, pois estou nessa com você, minha amiga, então por favor sinta-se à vontade para colocar no plural ou no singular da forma que ficar melhor para sua leitura.)

A Bondade Tóxica leva você a fazer coisas que não quer de verdade, e que acabam causando ressentimento e se manifestando nas formas mais bizarras possíveis: irritabilidade, pratos quebrados, longos períodos emburrada pelos cantos. Nenhum desses comportamentos é realmente benéfico, e serve apenas para confundir todo mundo, inclusive você (nós).

Não é uma cena bonita de se ver.

Defendo a ideia de que a descoberta da mulher poderosa que há dentro de você elimina o ressentimento por deixá-la livre para dizer "não". E quando você se sente livre para dizer "não", aumenta a chance de realmente querer dizer "sim" quando o fizer. (O contato com a mulher poderosa não quer dizer que se deva incorrer em atitudes reprováveis, como reações histéricas e manipulações. Esse tipo de coisa não passa de grosseria, e a vida já é complicada demais para acrescentarmos indelicadezas à mistura. Ah, e a propósito, é a mulher poderosa que existe dentro de *você*, porque cada uma de nós tem a sua própria.)

Apesar de talvez parecer complicada essa transição para se eliminar a Bondade Tóxica de sua vida – se você for daquelas que fazem tudo o que os outros querem, essas pessoas vão resistir a enxergar o seu lado verdadeiro –, trata-se na verdade de algo bastante simples. Recorrendo à conveniente expressão "acho que não", que é totalmente explicada em meu primeiro livro, qualquer pessoa é capaz de dominar esse processo. E garanto a você: vale a pena. Manter-se em contato com a mulher poderosa que existe dentro de você leva a mais honestidade, a uma melhor comunicação e, por fim, a relacionamentos mais saudáveis – sem contar o fato de se ficar com mais tempo disponível.

E o que isso tem a ver com o amor, com o romance? Tudo.

"Tente o máximo que puder estar inteiramente viva, com toda a sua força; quando for rir,

ria até não poder mais; quando ficar nervosa, fique nervosa de verdade."

~ William Saroyan ~

Sua vida amorosa será mais simples se permanecer em contato com a mulher poderosa que existe dentro de você. Não necessariamente mais fácil, mas com certeza mais simples. Isso porque adotar o Estilo da Mulher Poderosa Interior para a Intimidade significa que você não vai cair nas armadilhas que atormentaram seus relacionamentos anteriores e que estão criando problemas na sua relação atual.

"Como?", talvez você se pergunte. E eu responderei, de várias maneiras:

1. Você não será paralisada pelo medo de que, se esse homem realmente a conhecer de verdade, ele não vai querer mais nada com você.
2. Você não se sentirá frustrada se não conseguir extrair do seu relacionamento aquilo que deseja e precisa.
3. Você não vai perder tempo com potenciais relacionamentos que não passam de namoricos sem futuro.
4. Você vai se sentir mais confortável com sua situação amorosa, seja ela qual for.

Aonde quero chegar com todas essas afirmações ousadas? Experiência. Ao incorporar minha mulher poderosa e colocá-la para funcionar em minha vida amorosa, sou agora o melhor relacionamento que já tive em minha vida. Acredite em mim. Se deu certo comigo, vai funcionar com você.

Bondade Tóxica

Antes de entrar em contato com a mulher poderosa que existe dentro de mim, eu sofria de Bondade Tóxica crônica. Sobretudo no que se referia aos homens. Minha vida amorosa era um desastre.

Depois de dois divórcios, de incontáveis relacionamentos (alguns dos quais evidentemente constrangedores, enquanto outros apenas... bem... "agradáveis" é o melhor que posso dizer deles) e de alguns períodos de seca que fariam o Saara parecer o Crescente Fértil, tive uma epifania em relação a mim e aos meus amores. Eu era uma boba. Uma boba total e completa que se passava por capacho ao menor sinal de interesse de um homem.

> ***"Tem hora que não é para flertar. Quando se está doente. Quando se está com crianças. Quando se está no banco das testemunhas."***
>
> ~ Joyce Jillson ~

A hora da virada veio quando me deparei com um cara realmente fofo. Duas vezes. Percebi que tinha de mudar quando me dei conta de que eu estava não apenas tolerando ser maltratada pelos homens, mas os estava convidando a isso. Decidi que não abriria mais um sorriso resplandecente quando o homem do outro lado da mesa fizesse comentários absurdos ou declarações ofensivas. Não toleraria mais comportamentos infantis grosseiros. Não perderia mais noites de sono por achar ter feito algo errado quando tudo o que fiz foi me impor. Não diria mais "sim" quando quisesse dizer "não".

Eu estava cansada de tudo aquilo. E, apesar de não ter acontecido tudo de uma vez, não demorou muito para que eu incorporasse o Pacote Completo.

Eu o conheci muitos anos antes de nos envolvermos. Apesar de eu ter me sentido atraída por ele no exato segundo em que o vi, quando nos encontramos pela primeira vez ele estava envolvido com outra pessoa. Isso por um lado foi bom, pois o deixou de fora da lista de possibilidades amorosas.

Assim, fui poupada do meu impulso de cair no comportamento autodestrutivo que tomava conta de mim quando um homem se transformava em uma possibilidade amorosa. Eu disse o que pensava, fui assertiva, ri muito e o tratei como o amigo valioso no qual ele se transformou.

Resumindo: agi como eu mesma.

"O amor não é o bastante. Ele tem de ser o pilar, a pedra fundamental, mas não a estrutura completa. Ele é maleável demais, indulgente demais."

~ Bette Davis ~

Então ele sabia muito bem onde estava se enfiando quando nosso relacionamento passou da amizade para o namoro – depois que o relacionamento anterior dele já tinha terminado fazia um tempo considerável. Como resultado, ele não ficava surpreso ou se sentia afrontado quando eu me comportava do meu jeito, pois eu já fazia aquilo o tempo inteiro.

Se é um relacionamento perfeito? Ah, por favor – não acredito que exista uma coisa assim. Mas é um bom relacionamento, e me sinto mais feliz e satisfeita do que jamais me senti antes. E tenho certeza de que o estilo da mulher poderosa que vive dentro de mim é a chave para o sucesso.

Sylvia **por Nicole Hollander**

*"O amor é um contexto,
não um comportamento."*

~ Marilyn Ferguson ~

Capítulo 1

~ O estilo da mulher poderosa interior ~

O Estilo da Mulher Poderosa Interior para a Intimidade opõe-se diretamente à Intimidade Tóxica. Se você está concordando com a cabeça neste exato momento, isso quer dizer que você sabe exatamente o que significa Intimidade Tóxica. Se não está, faça o teste rápido:

> **Dica da mulher poderosa:**
> Amar não é fazer alguém dançar a sua música; é compartilhar a música.

1. Você costuma ficar pensando por que seus relacionamentos parecem nunca funcionar do que jeito que gostaria?
2. Você fica confusa quando percebe que seus relacionamentos acabam justamente no momento em que começava a se sentir à vontade o bastante para ser você mesma?
3. Você já tirou seu coração do fundo do poço e o recuperou comendo doses intermináveis de sorvete enrolada em um cobertor no sofá enquanto assistia a seriados entediantes?

Então, querida, permita-me dizer: você conhece bem o significado de "Intimidade Tóxica", mesmo que não soubesse antes que isso tinha nome.

A Intimidade Tóxica diz que não existe problema em tomar o caminho da passividade, em se preocupar em machucar os outros mesmo quando eles estão nos ferindo. A Intimidade Tóxica é um veneno para os relacionamentos saudáveis e, infelizmente, é a forma como muitas mulheres lidam com seus romances.

O limite perigoso

Relacionamentos fundamentados na Intimidade Tóxica, cuja base é instável, estão fadados ao fracasso desde o princípio.

"Quais são as raízes da Intimidade Tóxica?", você pode estar se perguntando.

> A mulher poderosa jamais sucumbe à tentação de dizer: "Se você realmente me amasse, você (*preencha o espaço em branco*)".

Não devemos apontar o dedo para pessoas específicas, mas para a verdade pura e simples: *a culpa é da nossa cultura*.

Pense em algo aparentemente inofensivo, como a música pop. A música pop se encaixa em um grupo bastante restrito de categorias: existe o gênero "amor desesperado", o "contos de fada viram realidade", o "eu te odeio, mas não consigo viver sem você", o "eu vou mudar por você" ou, ainda, o gênero "o amor é uma droga".

Existem também os filmes e a televisão, que por algum motivo são considerados capazes de refletir ou analisar nosso modo de vida. Uma premissa absurda, seja qual for o ângulo de que se observe, mas amplamente difundida: qualquer experiência na vida real deixará a desejar por nada mais nada menos que a ausência de uma trilha sonora. E são grandes as chances de que, se você realmente nunca viu alguém por um prisma mais interessante, tenha sido porque suas lentes de contato estavam sujas. Poxa, a vida de *quem* está de acordo com a dos filmes e dos seriados? De ninguém. Não existe ninguém escrevendo roteiros para você, e sua vida não precisa ser empacotada em um período de duas horas mais ou menos.

As formas de cultura mais intelectualizadas também não ajudam. As óperas estão repletas de romances conflituosos, assim como a literatura. Até mesmo a Bíblia faz menção a relacionamentos que só podem ser considerados tóxicos.

Abre-se para debate, então, a questão referente à cultura ser um reflexo ou um fio condutor da nossa sociedade. Há bons argumentos a favor de ambos os lados; mas, como eu disse antes, é melhor deixar esses argumentos com os cientistas sociais, que precisam de algum projeto para obter recursos para pesquisas. Em relação ao nosso objetivo, é suficiente dizer que a maior parte de nós cresceu impregnada por nossa cultura, então nossa consciência foi moldada (nos mais variados graus) por ela.

"Se você fizer sempre do mesmo jeito, vai obter sempre o mesmo resultado."

~ Anônimo ~

Você acha que estou brincando, não é? Mas não estou.

Encare uma maratona de seus filmes de amor favoritos e conte quantas vezes você antecipa a fala das personagens. Ou ligue o rádio e preste atenção às letras das músicas pop. Aposto que você já sabe de cor muitas dessas canções. E se você as decorou, são grandes as chances de você as ter incorporado... Eu com certeza fiz isso. E tentei aplicar as lições aprendidas das minhas músicas favoritas na minha vida amorosa.

Não estou sugerindo aqui que você pare de ir ao cinema ou que pare de ouvir rádio. Isso apenas ajuda a perceber influências culturais disfuncionais ou excessivamente idealizadas. Curta tudo isso, mas não deixe que sejam um modelo para sua vida.

Onde eu estava com a cabeça?

Não há como evitar o fato de que a ideia popular de romance é, na prática, destinada a fazer com que você desabe na Bondade Tóxica.

Ao primeiro sinal de romance, você é tomada pelo desejo de atrair o máximo de atenção possível para suas qualidades. Isso não é desonesto, mesmo. Simplesmente é parte da natureza humana fazer tudo o que for possível para atrair seu objeto de desejo acentuando seus aspectos mais sedutores. É por isso que você se arruma toda, se cuida, quando existe apenas uma remota chance de encontrar com o dito objeto de desejo. E certamente não há nada de errado com isso. Na verdade, é até engraçado.

O problema é encontrar o ponto de equilíbrio entre parecer boba e parecer desejável. Não há como negar: todas nós já fizemos isso. Na realidade, a maior parte de nós já fez isso mais de uma vez. (Se você nunca agiu assim, permita-me parabenizá-la pessoalmente agora mesmo. E com isso você se exime de ler este livro até o fim.)

No entanto, se você inicia um namoro com base em falsas premissas, aceitando toda e qualquer sugestão feita pela outra pessoa e fingindo ser alguém que não é, fica realmente difícil abandonar essa dinâmica e adotar o Estilo da Mulher Poderosa Interior para a Intimidade.

"Os homens insistem em dizer que não se incomodam com o sucesso das mulheres, desde que elas mantenham sua 'feminilidade'. Só que as qualidades que os homens consideram 'femininas' – timidez, submissão, obediência, estupidez e auto-humilhação – são exatamente as qualidades que asseguram a derrota até mesmo da mais talentosa das aspirantes."

~ Elizabeth Gould Davis ~

A transformação será chocante para seu parceiro. E será totalmente compreensível se ele ficar confuso quando você começar a se afirmar. Talvez ele tenha até motivos para perguntar: "O que aconteceu com aquela garota doce que conheci?".

É isso que você quer? Acho que não. Posso então sugerir que você tente o Estilo da Mulher Poderosa Interior para a Intimidade?

O Estilo da Mulher Poderosa Interior para a Intimidade

A premissa básica desse estilo, desse jeito de ser, é bastante simples: você não é uma "criatura", você é uma pessoa. Assim como seu parceiro. (É claro que posso estar errada quanto a isso, mas se nenhum de vocês dois for gente, preciso me perguntar por que – e também como – estão lendo este livro.)

No decorrer do processo de se tornar uma pessoa, você aprendeu algumas coisas. Você sabe qual é seu sabor favorito de sorvete, dominou a arte de manter corpo e alma em sintonia e tem algumas ideias definidas sobre a vida.

Especificamente, você tem algumas ideias definidas sobre quem você é e o que quer de um relacionamento.

Se estiver em contato com a mulher poderosa que existe em você, será capaz de articular essas ideias de modo gentil e firme – o que ajuda na manifestação e na manutenção dos relacionamentos que você quer.

Igualmente importante é o fato de você saber o que não quer de um relacionamento. Eu aposto o preço pago por este livro que você não quer:

- Mais um relacionamento que a faça sentir-se ansiosa e desvalorizada.
- Um relacionamento que se pareça mais com uma disputa de herança do que com um cantinho seguro.
- O amor à custa de sua dignidade e do seu bem-estar.

Como acabar com a loucura que leva a esse tipo de coisa? Tenho um lema ao alcance da mão para você!

O lema ao alcance da mão

A chave para o Estilo da Mulher Poderosa Interior para a Intimidade é esta simples pergunta: "Onde eu estava com a cabeça?". Pense bastante nessa pergunta e verá que ela é resultado de uma ação bem simples: ESPERAR.

"Se for o seu momento, o amor vai rastreá-la como se fosse um míssil teleguiado. Se você disser: 'Não, eu não quero isso agora', então vai acontecer com certeza."

~ Lynda Barry, *Big ideas* (1983) ~

O ato de ESPERAR e refletir abrange todas as perguntas importantes a serem feitas em qualquer ponto de um relacionamento. Perguntas como:

- Isso faz sentido para mim?
- É realmente uma boa ideia?
- Estou sendo verdadeira comigo mesma?
- Por que isso parece tão familiar?
- Já me enfiei em encrencas agindo dessa maneira antes?
- Se eu contasse isso para minha melhor amiga, ela me chamaria de burra?

•

Fingir que você nunca se fez essas perguntas é, na melhor das hipóteses, contraproducente (especialmente a última delas). Ah, elas também poderiam ser pensamentos aleatórios e passageiros que você tentava espantar como se fossem moscas, mas qualquer mulher que diga nunca ter ficado com pensamentos desse tipo rondando a cabeça em algum ponto de um relacionamento está enganando a si mesma. O Estilo da Mulher Poderosa Interior para a Intimidade exige apenas que você se sintonize verdadeiramente com seus melhores instintos.

"Uma mulher precisa amar um canalha uma ou duas vezes na vida, para poder ser grata quando encontrar um homem bom."

~ Marjorie Kinnan Rawlings,
Virtude selvagem (1938) ~

Sylvia **por Nicole Hollander**

"Toda vez que fecho a porta para a realidade, ela entra pelas janelas."

~ Jennifer Unlimited ~

Capítulo 2

~ Saber esperar ~

Saber esperar é algo valioso para qualquer relacionamento, independentemente de quanto você esteja envolvida. Entretanto, o saber esperar é mais importante – e útil – no início, exatamente quando seu coração começa a palpitar e seu juízo provavelmente fica confuso.

"Uma mulher pode esperar o homem certo aparecer, mas isso não significa que, enquanto espera, ela não possa ter momentos maravilhosos com todos os errados."

~ Cher ~

Nem pense em fingir que não sabe do que estou falando. Você sabe o que aconteceu todas aquelas vezes em que ignorou os sinais de alerta e aquela sensação de frio na barriga (sem contar as espinhas que aparecem sempre que você se estressa).

Desastre. Talvez não um desastre do tipo: "Meu Deus, Capitão! Era mesmo um iceberg!". Mas algo bem próximo disso. Examinemos então algumas situações que exigem a técnica de saber esperar. Se qualquer uma destas hipóteses abaixo eventualmente acontecer em sua vida, Deus nos livre, simplesmente *espere*. Vá se deitar com as luzes apagadas até que passe aquela vontade incontrolável de se atirar em mais um relacionamento desastroso.

Outro lembrete do que a mulher poderosa que existe em você quer que pergunte a si mesma: "Onde eu estava com a cabeça?".

"O amor verdadeiro é mais do que uma sensação física. Se surgir a mais discreta dúvida sobre um cara em sua cabeça, então esqueça. Não é verdade."

~ Ethan Embry ~

- Você acabou de conhecer alguém que acionou todos os alarmes, inclusive todos os alertas de perdas e danos, e pensa: "Ah, que bom, mais um *bad boy*!".
- Depois de duas horas falando ao telefone, você está morrendo de vontade de chamar seu novo amor para sua casa, apesar de ter uma reunião muito importante marcada para as 8 horas da manhã do dia seguinte.
- As palavras "ele age de outro jeito quando estamos a sós" realmente saem da sua boca.
- A ideia de morar junto vem à tona depois de apenas dois meses de relacionamento. É romântico? Talvez. Uma boa ideia? Acho que não.

- Você se flagra pensando seriamente em mudar por completo seu guarda-roupa por causa de um comentário qualquer feito por seu novo namorado.
- Suas amigas a convidam para aquele encontro mensal "só para mulheres" e você pensa em recusar o convite só para poder ficar com ele.

Há infinitas variações sobre esse tema, mas você entendeu a ideia.

A melhor coisa de dar um tempo para se perguntar (e responder) essa simples questão é que é bem melhor do que depois ter de dizer: "Onde eu estava com a cabeça?". Isso já é ruim quando tem a ver com aquele vestido que está apenas ocupando espaço em seu guarda-roupa, mas é realmente muito pior quando se refere a um relacionamento que já terminou.

Como saber esperar

Saber esperar vai funcionar melhor se você colocar em prática o que as revistas chamam de "seu estilo pessoal único". Para ajudá-la a descobrir qual é a sua maneira única de saber esperar, responda a este teste simples e rápido:

1. **Você marcou de jantar com as amigas depois do trabalho e descobre que tem 45 minutos sobrando. Você:**

a) Aproveita para dar uma volta e organizar os pensamentos – assim realmente conseguirá se concentrar nas amigas quando as encontrar.

b) Vai fazer umas comprinhas, claro.
c) Pega o celular, liga para o seu amor e diz o quanto queria estar com ele.
d) Dá uma geral na sua bolsa.

2. Enquanto faz cara de paisagem na sala de espera do ginecologista, você:
a) Aproveita o tempo livre para praticar respiração meditativa.
b) Folheia uma revista que levou na bolsa.
c) Pega o celular, liga para o seu amor e diz o quanto queria estar com ele.
d) Dá uma geral na sua bolsa.

3. É fim de semana e todos os seus planos caíram por terra. Você:
a) Aproveita o tempo livre para escrever em seu diário.
b) Vai às compras.
c) Dirige durante horas para ir ao encontro do seu amor, que foi acampar perto de um lago com os amigos.
d) Dá uma geral no seu armário.

4. Você está na fila do mercado e:
a) Não faz nada, pois já está aproveitando o tempo livre.
b) Folheia revistas em busca de ideias para a próxima vez que for fazer umas comprinhas.
c) Pega o celular, liga para o seu amor e diz o quanto queria estar com ele.
d) Come dois chocolates.

Se para a maior parte das perguntas sua resposta foi a alternativa "a", então você já sabe esperar, e me sinto realmente lisonjeada pelo fato de você estar lendo este livro.

Se para a maior parte das perguntas sua resposta foi a alternativa "b": "Atenção, clientes! É sua cabeça falando. Por causa do excesso de procura, a gerência gostaria de anunciar uma edição especial limitada de tempo em silêncio, que tem inúmeras utilidades – vá andar na praia, descansar, ficar sem fazer nada por um tempo e refletir sobre sua vida." Seria uma boa ideia combinar seu amor pelas compras com saber esperar de algum jeito. Quem sabe você possa comprar um daqueles belos cadernos em branco e uma caneta para escrever sobre o que anda pensando ultimamente? Ou talvez adquirir um minigravador, para usar enquanto vasculha as araras de sua loja favorita.

Se para a maior parte das perguntas sua resposta foi a alternativa "c", desligue o telefone e afaste-se dele lentamente. Já que você parece suplicar por contato, talvez a melhor forma de esperar e refletir seja com as amigas... Vou repetir: com as amigas. Sob nenhuma circunstância você deve tentar esperar enquanto estiver na presença real, digital ou eletrônica de seu interesse amoroso. Ignore os pensamentos com relação a ele enquanto conversa com as pessoas e certifique-se de que esteja prestando atenção enquanto elas falam.

Se para a maior parte das perguntas sua resposta foi a alternativa "d", você pode dar uma passadinha aqui em casa e arrumar os armários pra mim? Ah, e não se esqueça de trazer os chocolates.

"Quem compra o que não deseja acaba por desejar o que não pode comprar."

~ Sra. Alec-Tweedie, *Behind the footlights* (1904) ~

Na realidade, existem alguns paralelos entre seu trabalho e o ato de esperar e refletir: você pega uma papelada ou um chocolate dando sopa em sua mesa e decide se ainda precisa daquilo ou se pode jogar fora. Ao colocar as coisas em ordem, você determina a utilidade relativa dos objetos: "Esse vestido ainda fica bem em mim? Quando foi a última vez que vesti esse suéter? Por que algum dia na vida achei que calça com glitter seria uma boa ideia?". Tudo isso pode ter utilidade na sua vida amorosa. Simplesmente imagine que seu amor é um separador de lixo e faça a si mesma perguntas pertinentes sobre o relacionamento. "Esse relacionamento funciona para mim?" costuma ser um bom ponto de partida.

"Toda vez que entro em um bar de solteiros, ouço as sábias palavras de mamãe: 'Não pegue isso, você não sabe por onde andou'."

~ Autor anônimo ~

Sylvia
por Nicole Hollander
No inverno, as pessoas ficam desesperadas de tanto ficar trancadas dentro de casa, e elas acabam confundindo os sentimentos... A polícia do amor precisa intervir!
Pare! Ele não serve pra você!
Droga!
© 1996 BY NICOLE HOLLANDER
1-18
Sou romântico. Gosto de música new age e, assim como o coelho de veludo da história infantil, sei que apenas o amor é capaz de nos tornar autênticos.
Acredito que o amor é capaz de nos tornar muitas coisas: "loucos" é a primeira, mas autênticos?
A cabeleira dele é tão vasta que fico aqui pensando: "Pode ser que ele esteja certo, o que sei eu?". Você gosta de crianças?
Afaste-se dele! Tem um advogado na cozinha que é pra você. E, para ele, aquela loira ali lendo O vento nos salgueiros.

"Não tenho tempo para dar errado com alguém. Não tenho energia para aguentar dramas."

~ Teri Hatcher ~

Capítulo 3

~ Ah, o amor! ~

Não existe nada como um novo amor – ele é maravilhoso, você é maravilhosa e o cotidiano é uma aventura repleta de emoções e mistérios. É como se você tivesse obtido acesso a um universo paralelo que sabia existir, mas não tinha ideia de como entrar.

Dica da mulher poderosa para encontros:
Preste atenção ao primeiro alerta negativo que aparecer.

É assustador quando você para e pensa no assunto. E se você estiver enganada quanto a ele, quanto a você, quanto a tudo? Você está mesmo preparada para esse tipo de revolução na sua vida? Será que perdeu o juízo por causa daqueles penetrantes olhos castanhos, ou pelo desejo de – enfim, de uma vez por todas – realmente amar e ser amada por uma pessoa maravilhosa? Ou será que você simplesmente não quer mais ficar sozinha nas noites de sábado?

Bem, tudo isso é possível. Mas adotar o Estilo da Mulher Poderosa para a Intimidade pode ajudar a amenizar esses temores e, melhor ainda, a identificar esse romance pelo que ele realmente é. Pois esse estilo, essa maneira de ser, ajuda a descobrir em que tipo de relacionamento você deseja estar e, talvez ainda mais importante, em qual não deseja.

"Romances" a serem evitados

As duas semanas de encantamento

O que são as duas semanas de encantamento? São aqueles passeios a parques de diversões do inferno disfarçados de início de namoro. Você sabe como é, aquele redemoinho de sensações popularizado pelo cinema, em que o herói e a heroína batem os olhos um no outro e – plim! – estão apaixonados. Muito bom para se fazer o roteiro de um filme, mas não tão bom assim na vida real.

As duas semanas de encantamento podem ser divertidas. Mais ou menos como a Casa dos Horrores é legal em uma festa de Dia das Bruxas. Mas o caminho normal desses encontros inesperados – e esse é o único termo adequado, pois certamente não se trata de um relacionamento – remete a algo mais parecido com uma catástrofe da natureza. O vento começa a soprar um pouquinho mais forte, seu coração começa a bater um pouco mais rápido e, quando você se dá conta, há partes do seu mundo voando pelo ar como mísseis sem direção. As duas semanas de encantamento sempre acabam mal. E durante todo o tempo você fica se perguntando por que está fazendo aquilo. Naturalmente, o "saber esperar" não se aplica a todo o processo; isso conferiria um grau de sanidade imenso para lidar com os acontecimentos inesperados.

Hormônios fora de controle

Tudo bem, acontece. Seu período de "seca" coloca o Saara no chinelo e de repente surge um provável parceiro. Ou até mesmo um parceiro improvável. Mas faz tanto tempo que não rola nada que sua reação é algo como "ah, que se dane!". Não há nada intrinsecamente errado em se entregar (lembre-se de praticar sexo seguro), desde que você não se pegue pensando consigo mesma que "esse é o cara". Esse não é o cara, mas apenas um cara que está servindo a um propósito muito específico. E, francamente, cuidar você mesma de suas necessidades sexuais é uma opção viável.

> ***"Há muito a ser dito sobre autodesilusão quando se trata de assuntos do coração."***
>
> ~ Diane Frolov e Andrew Schneider, *Northern Exposure*, episódio "First Snow", 1993 ~

Contos de fadas

O Príncipe Encantado chegou! Não, sério, dessa vez é verdade. Ele tem tudo: um bom emprego, um corpão, dentes bonitos. E ele quer as mesmas coisas que você (crianças, um fim de semana no interior, viagens – você preenche todos os quesitos necessários). O único problema é que ele mora do outro lado do país. Mas você quer ficar com ele, então simplesmente vai em frente. Você vende todos os seus móveis, vai a todas as festas de despedida que seus amigos fazem para você (mesmo que eles tenham ficado o tempo inteiro com a pulga atrás da orelha) e parte para bem longe a fim de construir uma vida a dois com seu verdadeiro amor. Pois é, nunca se sabe. Pode dar certo.

Não, não pode. O sol nasce e um dos dois (normalmente ele) percebe que foi um erro. Que romântico! Sua vida está uma bagunça e você está longe de casa.

O desafio

Ele tem namorada ou então apenas parece um pouco distante. Seja qual for o ângulo pelo qual se observe, envolver-se com ele parece algo desafiador. Apesar de não ter como saber se vai ou não dar certo, as probabilidades estão contra você. Então, quando pensamentos como "vou fazer com que ele se apaixone por mim" passarem por sua cabeça, será um sinal claro de que é hora de esperar e refletir.

Atitudes desesperadas

Se a sua avó ou a sua mãe perguntarem mais uma vez quando você vai finalmente casar, prometa a si mesma que seu próximo contato com elas será por cartão-postal. Então você arruma um namorado. Ele tem todos ou quase todos os membros no lugar; sabe usar garfo e faca. Talvez ele seja mesmo um cara legal! Mas o único motivo pelo qual você está com ele é para não ter de recorrer ao direito de permanecer em silêncio sempre que se deparar com alguém da família.

ESPERE! Não faça isso! Para começar, não é justo com nenhum dos dois. Em segundo lugar, isso não vai pôr fim aos intermináveis interrogatórios. Vai apenas mudar o tom deles. Pode escrever: horas depois de apresentá-lo a sua família, as pessoas vão começar a perguntar: "Mas é sério mesmo?" ou então "quando é o casório?".

Lembre-se de que essas mesmas mulheres ensinaram a você verdades como "não vale a pena perder a dignidade por homem nenhum no mundo" e "existem homens para se divertir e homens para casar". Portanto, a melhor maneira de fazê-las parar é repetir a elas as mesmas palavras de sabedoria que lhe ensinaram. Funciona, confie em mim.

> Na improvável situação de você estar tentando "dar um jeito" em um namorado, pretendendo mudá-lo de alguma maneira, a mulher poderosa que existe em você quer que você pergunte a si mesma se é dessa maneira que pretende passar seu tempo – ou o resto da vida.

Homens com quem você não deve nem ao menos se divertir

Existem alguns homens que podem ser classificados apenas de uma maneira: inadequados. É natural que você tenha sua própria ideia sobre o que é adequado. Mas eis alguns critérios básicos que podem ser aplicados em todas as situações:

- Se ele for casado, é inadequado. Mesmo que ele e a esposa tenham "um acordo", ou mesmo que "o casamento esteja morto há anos". Se está morto, por que ainda não foi enterrado?
- Qualquer um para quem você precise arrumar uma justificativa é inadequado. Se você por acaso flagrar-se co-

meçando uma frase com "você apenas precisa entendê--lo", não vá em frente – simplesmente pare de vê-lo.

- Se ele jurar que você é a mulher perfeita para ele em qualquer momento durante os primeiros três encontros, dê um jeito de arrumar uma lista das antigas namoradas dele e entre em contato para pegar referências. Se ele não lhe der a lista, caia fora.

Está faltando amor?

Falta alguma coisa? Amor de verdade. Aquele que entra em sua vida sem que ninguém precise perder o controle. Do tipo que constrói uma relação a dois, que descobre como você gosta ou não gosta das coisas, e com o qual você se diverte. Do tipo que todo mundo diz querer.

Sylvia **por Nicole Hollander**

*"Não se comprometa,
você é tudo o que você tem."*

~ Janis Joplin ~

Capítulo 4

~ Você está aqui ~

Um ensinamento importante a ser lembrado em relação ao Estilo da Mulher Poderosa para a Intimidade é o seguinte: você deve sempre estar em contato com a base (ou seja, consigo mesma). Se perder o contato consigo mesma, está praticamente garantido que irá descer pela escorregadia ladeira da Intimidade Tóxica. E então será obrigada a começar tudo de novo.

Para evitar toda essa confusão, lembre-se de três regras simples:

- Saiba quem você é.
- Saiba o que quer e expresse seus desejos.
- Saiba quanto você pode fazer pelo seu amor.

Quem é você?

Deve ser fácil identificar quem é você – afinal, você sabe seu nome e toda uma série de informações sobre si mesma. Mas a Intimidade Tóxica dispõe de uma capacidade impressionante de cegar suas vítimas. Como aconteceu com uma amiga minha, a quem chamarei de Samantha.

Samantha é maravilhosa de diversas maneiras: ela é inteligente, tem um ótimo senso de humor e uma incrível gargalhada, difícil de se igualar a qualquer outra. Além disso, é uma profissional de sucesso e suas festas são sempre as melhores no que diz respeito à comida e à boa companhia. Ah, ela também é lindíssima. Então qual poderia ser o problema de Samantha?

Ela se reinventa toda vez que se envolve com um novo homem. É claro que as características básicas continuam as mesmas, mas o grau de capacidade de improviso que ela aplica à própria vida é de fazer inveja aos assessores da Casa Branca.

Por exemplo: quando estava com Henry (o espírito livre em pessoa), Samantha só conseguia falar sobre como abandonaria sua carreira e todos os benefícios decorrentes dela. "Vou vender minha casa, comprar um iate e largar o trabalho", costumava dizer. Tudo acabou quando a ex-esposa de Henry telefonou para Samantha perguntando se ela poderia pagar a pensão alimentícia atrasada e assim impedir que Henry fosse parar na cadeia.

Depois veio Hastings, o nobre filhinho de papai. De repente Samantha só falava de clubes de campo e festas *black-tie* nas quais nunca faltava champanhe e caviar porque "todas aquelas mulheres são cuidadosas demais com o que comem". Todo esse universo tinha até o seu lado bom, mas quando Samantha passou a falar como Katherine Hepburn, a situação realmente começou a ficar preocupante. Ela é da periferia, fala alto pra caramba, e parte do charme dela sempre foi esse jeito barulhento de ser. O Caso Hastings chegou ao fim quando ela se deu conta de que a coleção de fotos de Mapplethorpe[1] não era apenas um grande investimento. O verdadeiro interesse de Hastings em Samantha baseava-se no fato de que ele precisava se casar (com uma mulher) para ter acesso ao "dinheiro de verdade".

Exemplos não faltam, mas relatar todos eles colocaria em risco a credibilidade das histórias. É suficiente dizer que, apesar do fato de Samantha ser maravilhosa do jeito que é, toda vez que se envolve com um cara ela se remodela para se adaptar a algum tipo de ideal que ela acha que tem na cabeça. Nunca funciona, e não é porque os caras são fracassados ou têm algum outro problema. Na verdade, houve pelo menos uma vez em que Samantha envolveu-se com um homem realmente tão maravilhoso quanto ela.

John não era nada além de um cara bacana, com um trabalho normal e bons amigos. Ele também era realmente um fofo. Samantha achava que ele traria a Lua para ela e deu início à inevitável transformação naquilo que achava que John queria de uma mulher. Quando ela o ouviu comentando com um amigo que ela só ligava para ele de vez em quando, Samantha começou a fazer contato com mais frequência. Ela também começou a comprar e a usar brin-

1. Robert Mapplethorpe, fotógrafo norte-americano conhecido pelas fotografias artísticas de flores e de homens nus (N. T.).

cos mais delicados e vestidos em estilo cigano depois que ele elogiou uma amiga pela aparência dela. Uma vez ela deu uma daquelas gargalhadas barulhentas e ele comentou, de um jeito que para Samantha pareceu irônico: "Isso que é risada!", e ela passou a fazer um esforço consciente para rir mais baixo.

Infelizmente, cerca de seis meses depois do início do namoro, John chegou à casa de Samantha e pronunciou aquelas duas temidas palavrinhas: "Precisamos conversar".

Eis que John estava desconfortável com o tanto que Samantha havia mudado desde que tinham se conhecido. Ele tinha uma bela lista de argumentos. John disse que se sentiu atraído pelo modo independente dela, e agora ela telefonava para ele o tempo inteiro. Ele também gostava de Samantha por combinar sempre roupas simples e elegantes com brincos espalhafatosos, "mas de uns tempos pra cá você vem se vestindo como uma cigana". E o golpe fatal: ela nem dava mais aquelas sonoras gargalhadas. Por essas e outras razões, John rompeu com Samantha.

– Espera um pouco. Achei que fosse isso que você queria! – Samantha choramingou.

– Não. O que eu queria era a mulher que conheci, mas aquilo era, obviamente, algum tipo de fachada – John respondeu.

E, apesar de ela ter tentado convencê-lo do contrário (ela chegou a pedir a mim e a algumas amigas que disséssemos a ele que a "verdadeira" Samantha era aquela que ele conheceu), o mal já estava feito.

O que você quer?

Quando você adota o perfil da mulher poderosa, não se ilude em relação ao que realmente quer. Portanto, não ilude as outras pessoas também. Você quer só sair com essa pessoa, sem compromisso, ou quer um relacionamento mais profundo? (Logo vamos abordar a diferença entre só sair e ter um relacionamento.) Qualquer uma dessas duas alternativas é válida. O importante é você saber o que quer e ser capaz de expressar sua vontade.

"Saiba que você precisa ser feliz consigo mesma antes de ser feliz com outra pessoa. E que seu verdadeiro valor não surge por meio de alguma outra pessoa ou de alguma coisa. Seu valor vem daquilo que você é."

~ Ashley Judd ~

O perigo de não saber exatamente o que se quer ficou muito claro para mim quando estava saindo com um cara e cruzamos com outro com quem eu também estava saindo. Aí me dei conta de que os dois achavam que eram os únicos em minha vida – uma ilusão que não tentei desestimular. Todas as minhas amigas sabiam, menos eles. É desnecessário dizer que foi constrangedor. Sem mencionar o fato de os dois ficarem me jogando de um lado para o outro como uma verdadeira batata quente. Isso era plenamente compreensível, mas mesmo assim...

A questão é que, se você não sabe o que quer, é bem provável que não seja capaz de comunicar sua vontade. A chance, portanto, de que seus desejos sejam atendidos cai vertiginosamente, o que leva à frustração, o que por sua vez leva... bem, digamos apenas que a coisa pode ficar feia.

Lembre-se da primeira regra da mulher poderosa para um combate justo: saiba o que a deixa nervosa de verdade. Provavelmente não é o fato de seu parceiro comer o último pedaço da pizza.

O problema é que fomos treinadas para acreditar que a intimidade de algum modo é a mesma coisa que telepatia. Supõe-se, afinal, que "almas gêmeas" sejam capazes de ler a mente uma do outra. É um sinal de amor verdadeiro, e todas essas coisas assim.

Bobagem.

Não me faltam exemplos de situações nas quais não consegui ler nem mesmo a minha própria mente, o que dizer a dos outros. Esperar que uma pessoa seja capaz de se desligar de todo aquele barulho que existe na cabeça dela para então se sintonizar em alguma ideia aleatória flutuando ao redor da sua mente é simplesmente injusto. E o Estilo da Mulher Poderosa para a Intimidade é sempre justo.

Então cabe a você mesma ler sua própria mente e, de preferência, de maneira bem clara. Não é preciso, porém, remexer suas questões interiores ao lado de seu objeto de afeição. Apesar de eu ser com certeza uma defensora da discussão das minhas questões com meu parceiro, descobri que de vez em quando é melhor organizar as ideias em conversas com minhas amigas para depois entregar a ele uma espécie de versão resumida de tudo.

> *"Ela é uma amiga da minha cabeça. Ela me coloca no lugar, cara. Ela junta os cacos do que eu sou e me devolve todos eles na mais perfeita ordem."*
>
> ~ Toni Morrison, *Amada* (1987) ~

Por exemplo: recentemente eu vinha me sentindo um pouco chateada e não sabia direito o motivo, mas estava certa de que tinha alguma coisa a ver com ele. Então telefonei para minha amiga Felícia (que me conhece quase tão bem quanto eu mesma) e descrevi os sintomas. Algumas perguntas e alguns comentários pontuais depois, e eu já estava pronta para me comunicar com o meu parceiro.

Eu não estruturei minhas queixas – que era o que eu teria feito em tempos passados. Não apresentei provas, apesar de ter um monte delas; não fiz acusações, não choraminguei e não tentei instilar em meu parceiro um sentimento de culpa somente pelo fato de ele ter passado praticamente todos os fins de semana, durante um mês inteiro, fazendo qualquer outra coisa que não fosse ficar comigo.

O que eu fiz? Disse ao "Senhor Agenda Cheia" que estava me sentindo negligenciada e que precisava que ele se esforçasse para passar algum tempo comigo.

Se funcionou? Sim. Naquele mesmo fim de semana ele me convidou para assistir a uma corrida de Fórmula 1 com ele (o homem da minha vida ama corridas de automóveis). Ele até fez pipoca. Depois passamos um dia inteiro indo a brechós – algo que amo e ele, na melhor das hipóteses, acha chato. Depois saímos para jantar e pegar um cinema.

Isso sempre funciona? Não. A questão é que o estilo da mulher poderosa que existe em você só vai funcionar se você tiver certeza sobre o que se passa na sua cabeça. Ser clara não significa necessariamente conseguir o que se quer – sempre haverá casos em que isso não irá acontecer. Mas tenho de admitir que, quando digo o que está na minha cabeça ou quando sou clara com ele em relação ao que quero, normalmente consigo.

"Quando você não sabe onde foi jogada, não importa muito o que você acha que sabe."

~ Ruth Shays, em *Drylongso* (1980), de John Langston Gwaltney ~

O que você está disposta a fazer por amor?

Falando sem rodeios: manter um relacionamento exige certo comprometimento. No entanto, é de vital importância saber o que você está e o que não está disposta a fazer para ter um relacionamento, e isso não é algo que termina quando o relacionamento já está estabelecido.

Uma amiga minha não vê problema em depilar as pernas em curtos intervalos de tempo, após passar décadas sem fazer isso, porque o seu marido gosta da pele dela bem lisinha, mas não está disposta a ter um terceiro filho somente para agradá-lo. Uma outra amiga atravessou o país para ir morar com o namorado, com o acordo de que a casa que compraram teria pelo menos dois quartos de hóspedes disponíveis para abrigar seu grande círculo de gente querida. Tento conscientemente controlar minha inclinação natural de convidar pessoas para ir a minha casa de última hora, porque o Pacote Completo tem mais necessidade de solidão do que eu – e, por outro lado, ele tem se esforçado muito para ser mais sociável.

As variações de comprometimento são infinitas, e próprias de cada relacionamento. Seguir o estilo de sua mulher poderosa interior significa que você precisa ser absolutamente clara em relação ao seu limite para se adequar aos interesses do parceiro.

"Você mesmo, tanto quanto qualquer outra pessoa no universo, merece seu amor e seu afeto."

~ Buda ~

Em outras palavras, sua mulher poderosa interior sabe que você deveria estar

aproveitando sua vida da mesma forma que as outras pessoas.

Só não exagere. De acordo com o Estilo da Mulher Poderosa para a Intimidade, o comprometimento é uma via de mão dupla. Se você for a única pessoa comprometida, isso a transforma em quê? Em capacho. O caminho é inclinado e escorregadio. Mais de uma mulher acabou caindo nas armadilhas da Intimidade Tóxica quando achava que apenas estava mostrando comprometimento.

Essa é outra área em que saber esperar e refletir é de grande utilidade. Se você usar seu tempo pensando no que está ou no que não está disposta a fazer para que o relacionamento funcione, suas chances de sucesso serão bem maiores.

Sylvia
por Nicole Hollander
Guia da Sylvia para encontros: Capítulo 21 — Razões para não manter relacionamentos de longo prazo.
Ver as pirâmides às margens do Nilo...
© 1994 BY NICOLE HOLLANDER
1. "Eu podia estar viajando."
2. "Costumo fazer coisas terríveis com meus cabelos após o rompimento de um relacionamento mais sério."
3. "Costumo absorver as opiniões da pessoa que amo e, depois, quando terminamos, preciso repensar tudo. Eu podia estar estudando um outro idioma."
Ver o pôr-do-sol em alguma ilha nos Trópicos...
7-23

"Sou solteira porque nasci assim."

~ Mae West ~

Capítulo 5

~ Vida de solteira ~

A não ser que você venha de uma cultura na qual os casamentos sejam arranjados, o curso normal da vida indica que há grande chance de você ficar solteira antes de ingressar em um relacionamento.

Isso é uma coisa boa.

Apesar de parecer absurdo, o Estilo da Mulher Poderosa para a Intimidade funciona também para a vida de solteira. Pois a verdade é que, se você for capaz de ser íntima de si mesma, não precisará suplicar para ter intimidade com mais ninguém. Afinal, a intimidade começa por você mesma.

Passar um tempo solteira é um processo que ajuda a prepará-la para se envolver com alguém. É uma maneira de fazer um teste. Se você for capaz de praticar quando estiver solteira, será realmente mais fácil aplicar o que aprendeu quando aparecer um relacionamento.

Como isso funciona? Pois bem. Pense no seguinte: quando você está solteira, tem a oportunidade de concentrar o foco em si mesma. Isso lhe dá a chance de, realmente:

- Saber quem você é.
- Saber o que você quer.
- Saber quanto você pode fazer por amor.

Em determinado momento da minha vida de solteira, cheguei a um ponto de total desespero em relação às minhas chances de um dia ter um relacionamento legal. Cada conversa que tinha com minhas amigas mais próximas transformava-se em uma enxurrada de lamentações sobre minha falta de sorte no amor. É desnecessário dizer que isso deve ter sido meio chato para quem estava ao meu redor, pois houve uma repentina efervescência de grandes projetos e pequenos problemas de saúde com minhas amigas que as impediam de ficar comigo. Finalmente, uma delas tocou nesse ponto comigo. Disse algo na seguinte linha: "Se você me obrigar a ouvir isso por mais um segundo que seja, alguém vai se machucar, e não serei eu! Você está solteira por algum motivo. Descubra qual é!".

Solteira por algum motivo? É óbvio que eu estava solteira por um motivo: eu era azarada no amor! Minha amiga sugeriu, no entanto, que talvez eu estivesse sozinha justamente para poder aproveitar o tempo e me conhecer melhor.

Eu não queria me conhecer melhor. Eu queria conhecer alguém – algum cara – melhor. Mas, como não havia homens fazendo fila na minha porta com a intenção de entrar na minha vida (nenhum que eu quisesse deixar entrar, pelo menos) e minhas amigas haviam me proibido de falar sobre minha falta de sorte no amor, fiquei sem alternativa a não ser fazer companhia a mim mesma.

Tal atitude, apesar de eu estar por conta própria já havia um certo tempo naquele momento, não foi tão fácil quanto imaginei. Em parte porque passei tantos anos preocupada com o modo como as outras pessoas me julgavam que nunca parei muito para pensar em como eu mesma me via – um sintoma clássico da Bondade Tóxica.

Imagine a minha surpresa quando percebi que preferia prestar atenção no modo como as *outras pessoas* me viam. Que era muito mais fácil olhar para mim mesma por um reflexo do que eu era do que enxergar a plenitude do meu ser. Pelo menos achei que seria assim, a princípio. Mas depois ficou evidente que eu gastava uma considerável quantidade de energia tentando descobrir como eu era aos olhos das outras pessoas, e consequentemente ajustando o meu comportamento às expectativas delas. Chegar ao fim de um dia comum era um processo exaustivo.

"Estar sozinha e gostar disso é, para uma mulher, um ato de traição, uma infidelidade muito mais ameaçadora que o adultério."

~ Molly Haskell, *Love and Other Infectious Diseases* (1990) ~

Como parei com esse comportamento? Não foi fácil. Precisei começar a perceber de verdade o que estava se passando pela minha cabeça. Toda vez que começava a imaginar o que outra pessoa estaria achando de mim, eu me forçava a pensar no que *eu* estava achando de mim mesma.

E, mais uma vez, aprendi a saber esperar. Assim que passei a dominar o assunto, comecei a gostar do processo de autoconhecimento. Ria de minhas próprias piadas, me divertia com minhas enérgicas opiniões sobre os assuntos do mundo e descobri que o café que fazia era horrível.

"É como um passe de mágica. Quando se vive sozinha, todos os seus hábitos irritantes vão embora."

~ Merrill Markoe ~

Também comecei a ter uma ideia em relação ao que eu realmente queria em um relacionamento. O bônus foi que, enquanto eu me conhecia melhor e passava a gostar mais de mim mesma, meus parâmetros para potenciais parceiros amorosos melhoraram exponencialmente. Eu ainda queria um relacionamento, mas já não estava nem perto de querer me envolver com alguém que não fosse a pessoa certa para mim.

"Não importa quanto se fique sozinha ou quantos avisos de nascimento de bebês você receba. O truque é não se sentir ameaçada. Não existe nada errado em ficar sozinha."

~ Wendy Wasserstein (Da peça *Isn't it Romantic*, 1983) ~

Ainda assim, a batalha contra minha Bondade Tóxica – tão profunda quanto o Grand Canyon – não estava totalmente vencida. Afinal, estar solteira pode ser difícil de vez em quando, especialmente quando se está sob um verdadeiro bombardeio de imagens idealizadas de companheirismo e "felizes-para-sempre" difíceis de ser ignoradas. Especialmente quando se está no meio de uma seca de atenção sexual. Ou quando você acabou de sair de um relacionamento. Ou durante os feriados.

"Ter alguém preocupado com o lugar onde você está quando não aparece em casa à noite é uma necessidade humana muito antiga."
~ Margaret Mead ~

"Tenho 33 anos, sou solteira. Você não acha uma generalização a necessidade de se estar casada aos 33? É como olhar para alguém de 70 anos e dizer 'e aí, você não vai requebrar? Todas as suas amigas estão requebrando e você vai ficar aí parada?'"

~ Sue Kolinsky ~

Imagens idealizadas como essas são difíceis de ser ignoradas quando se está em um relacionamento. Mas quando não se está em relacionamento nenhum, elas podem ser ainda mais intoleráveis, porque a mensagem escondida sob sua superfície é a seguinte: se você não está em um relacionamento, você é uma fracassada.

O que torna absolutamente difícil ignorar essas mensagens, mais do que tudo, porém, é que há certas verdades em algumas delas. Relacionamentos realmente acrescentam alguma coisa à nossa vida.

Caso contrário, jamais nos colocaríamos diante dos horrores dos primeiros encontros amorosos (e não tentemos enganar a nós mesmas: primeiros encontros são terríveis).

O que se ignora em todas aquelas mensagens idealizadas é que os relacionamentos vêm acompanhados de desafios intrínsecos. Compartilhar a vida com alguém pode ser tão difícil quanto – se é que não é mais difícil – estar sozinha.

Entretanto, da mesma forma que é completamente compreensível que você se sinta tentada a tomar medidas drásticas para viabilizar um relacionamento, essas ações não serão necessariamente boas para você.

Eis algumas dicas de como atravessar aqueles períodos nos quais você não está envolvida de maneira suficientemente confortável para controlar o desejo de se esfregar com o primeiro ser humano minimamente aceitável que cruzar o seu caminho:

- Não há problema algum em sair com as amigas nas noites de sexta-feira e de sábado. Mesmo que elas estejam acompanhadas.
- Não há problema algum, da mesma maneira, em ficar em casa, caso isso seja realmente o que você prefira fazer.
- Compre móveis de verdade assim que tiver condições de pagar por eles. É claro que há alguns perigos atrela-

dos a isso: é mais difícil juntar os trapos (e os diferentes estilos) do que simplesmente doar colchonetes e tábuas de passar roupas a qualquer entidade assistencial. Mas você certamente vai preferir ter aquele sofá com revestimento de veludo agora do que deixar para mais tarde.

- Dê nomes de verdade a seus bichos de estimação; algo como "Rex", por exemplo. Não sucumba à tentação de batizá-los como "Bebê" ou "Chuchuzinho".
- Antes de dormir com alguém, faça as seguintes perguntas a si mesma: "Quero tomar café da manhã com este homem? Em público?".
- Nunca coma de pé, em frente à geladeira aberta.
- Para aquelas que continuam revelando suas fotos: não tente recortar antigos namorados das fotos após um rompimento. Mesmo se acontecer de você estar maravilhosa na foto. Não funciona, e depois você ainda vai ter que explicar para todo mundo o motivo de cada uma daquelas fotos ter sido recortada. Para quem só gosta das imagens digitais: sinta-se livre para editar as imagens de acordo com seu coração.
- Aqueles aparelhinhos movidos a pilha são seus amigos.
- Use acessórios bonitos diariamente: a prata de qualidade, a porcelana chinesa que era da sua avó, as roupas que você considera "boas demais para usar no dia a dia". Essa é uma regra para todas as ocasiões. É importante que você cuide de si mesma pois, se não o fizer, por que qualquer outra pessoa cuidaria?
- Da mesma maneira, também não há problema em jantar no sofá, de frente para a televisão. Mas não em todas as

noites. O mesmo vale para os "jantares" de micro-ondas – chamá-los de "refeições" não os transformam em uma.

- Não é preciso esperar que alguém lhe mande flores. Você mesma pode comprá-las. Ajude aquele seu amigo da floricultura a manter o negócio! Além disso, o mais provável é que, a partir do momento em que você esteja em um relacionamento, o recebimento de flores tenha uma duração bastante curta.
- Acenda velas aromáticas e coloque uma música assim que chegar em casa.
- Não importa há quanto tempo tenha acontecido: homens já comprometidos não são uma boa ideia.
- É claro que você deve tirar férias.
- Você vai ficar velha, pense em seu futuro. Não se iluda imaginando que alguém vai pagar uma aposentadoria complementar para você.
- Não sucumba ao desespero – mesmo que todas as suas amigas estejam casadas/tenham filhos/tenham acabado de comprar uma casa com alguém. O casamento não é o objetivo principal nem a essência da vida. Se você realmente quer ter filhos, isso é possível. O mesmo vale para a compra de uma casa. Nenhuma dessas coisas é motivação suficiente para se envolver com uma pessoa que não seja a certa para você.

> Você alguma vez já viu o Príncipe Encantado? É claro que não. Ele é uma lenda, assim como os unicórnios. A mulher poderosa que está dentro de você quer que pare de acreditar nele.

Sylvia **por Nicole Hollander**

"Cinderela mentiu para nós. Deveria existir uma clínica para dependentes químicos, como a Betty Ford Center, onde fôssemos desprogramadas em uma cadeira elétrica.
Daí ouviríamos 'Algum dia meu príncipe chegará' e, enquanto tomássemos choques, alguém diria:

'Ninguém virá...'
'Ninguém virá...'
'Ninguém virá...'"

~ Judy Carter ~

Capítulo 6

~ A outra parte (os homens) ~

"O Príncipe Encantado não virá porque está ocupado demais cuidando da vida dele", costuma dizer uma amiga minha. Ela ri toda vez que diz isso. E o marido dela também.

Ela está, é claro, totalmente correta. E não apenas pelo fato de o Príncipe Encantado ter origem em contos de fadas. Não: ela está correta porque, mesmo que você tenha encontrado alguém com quem compartilhar a vida, a verdade é que a vida continua sendo sua.

> "Todas nós nos casamos com estranhos. Todos os homens são estranhos para as mulheres."
> ~ Mary Heaton Vorse, *The Pink Fence*, de McCall (1920) ~

E cabe a *você* transformar tal fato na rica e compensadora felicidade que o tio Walt Disney e os antigos contadores de histórias a levaram a acreditar que só seria sua se o homem certo aparecesse e a despertasse do sono eterno com um beijo.

Agora existe uma mulher poderosa, não é mesmo?

O que essa mulher poderosa tem a ver com você? Tudo. O Estilo da Mulher Poderosa para a Intimidade exige que você assuma a responsabilidade de cuidar da sua vida – não importa o que aconteça. Casada, enrolada, saindo com dois homens, três, oito, ou até mesmo solitária. A questão é que ter um homem em sua vida não vai resolver todos os seus problemas – os quais você já conhece, mas continua repetindo.

"Não existe nada como ser independente."

~ Victoria Billings, *The Womansbook* (1974) ~

Dito isso, passemos ao prato principal: os homens. Mesmo que não sejam nem o objetivo nem a essência de sua vida, eles são fascinantes, seja coletiva ou individualmente. E não haveria sentido em ler este livro se os homens não fossem um tópico em discussão.

A primeira coisa que você deve ter em mente em relação a eles é a seguinte:

Os homens não são inimigos

Uma indústria inteira de propaganda tem se dedicado a reforçar a premissa segundo a qual os homens precisam ser enganados – ou, então, conquistados. Isso se baseia em um cânone de regras formais de disciplina de fazer inveja ao Corpo de Bombeiros. Os defensores dessas ideias também parecem acreditar que os homens são, de fato, idiotas e totalmente incapazes de perceber quando estão sendo manipulados. Isso me parece carregar certa dicotomia: se é tão fácil assim manipular os homens, por que seria necessário um manual com instruções para tanto?

Um lembrete da sua mulher poderosa interior:
Quando se pergunta a um homem "no que você está pensando?" e ele responde "em nada", ele realmente não está pensando em nada. Acredite nele: é um desperdício de energia tentar convencê-lo do contrário.

O fato é que os homens, na maior parte dos casos, também são gente. Isso significa, portanto, que também são indivíduos complexos que merecem, na maioria das vezes, ser tratados de igual para igual, e de maneira respeitosa.

Entretanto, parece existir realmente alguma verdade na teoria de que os homens funcionam de modo diferente das mulheres. Considere, por exemplo, a diferença das respostas de ambos a uma pergunta simples: "Em que você está pensando?".

> ***"Os homens não são inimigos. São vítimas como nós. Sofrem de uma mística masculina antiquada segundo a qual eles se sentem desnecessariamente deslocados quando não há nenhum urso para matar."***
>
> ~ Betty Friedan, *The Christian Science Monitor* (1974) ~

Pergunte isso a uma mulher e a conversa vai se estender durante horas. Talvez, em um mundo perfeito, você pudesse virar para o seu amado, perguntar no que ele está pensando e realmente conseguir uma resposta.

Mas eu não vivo em um mundo perfeito.

Quando conheci o Senhor Taciturno, a única resposta que recebia quando perguntava no que ele estava pensando era uma cara de espanto e um momento de total silêncio. Momento que remetia à lendária síndrome do cavalo que fica parado diante dos faróis de um carro que vai em direção a ele. Esse silêncio costumava ser quebrado por um vago: "Eu? Nada".

Naturalmente, minha expectativa era de um pouco mais de... verborragia. Ou talvez da aparição de uma revelação. Para ser honesta, eu esperava que ele dissesse algo como "eu estava aqui pensando na sorte que tive por você ter entrado em minha vida". Afinal, era nisso que *eu* estava pensando! A verdade, porém, era que, assim que eu fazia a pergunta, dava um branco completo e total na cabeça dele. Ele podia realmente estar pensando em alguma coisa, mas, no exato momento em que perguntei o que se passava em sua mente, o processo todo foi interrompido.

Depois de um tempo ele melhorou um pouco. Hoje ele me diz que está pensando em quanto ele realmente prefere margarina. (É brincadeira dele. Ninguém prefere margarina.)

No que eles pensam?

Sei que isso pode levar à loucura, e talvez seja politicamente incorreto dizer, mas não importa no que queremos acreditar, a maioria dos homens funciona mesmo de modo diferente das mulheres. Os motivos podem ser sociais, podem derivar de métodos antiquados de educação na infância, ou então estar arraigados em nosso passado pré-histórico de caçadores/coletores; francamente, o motivo pouco importa. O que me interessa é o seguinte: enquanto as mulheres têm uma dúzia de diferentes assuntos fluindo pelo cérebro, todos eles acessíveis a um nanossegundo de aviso prévio, os homens parecem pensar de uma forma mais linear.

De acordo com um número considerável de homens que conheço, o que está descrito a seguir é basicamente o que se passa na cabeça de um homem em um período médio de cinco minutos: "De onde está vindo esse barulho irritante, do turbo ou da janela do passageiro? Será que o meu time vai passar para a próxima rodada do campeonato? Sexo, sexo é bom demais. Vou perguntar ao Alex se a mãe dele ainda faz aquele molho de carne maravilhoso. A macarronada da minha mãe é melhor, mas o molho de carne da mãe dele... Será que chequei o nível de óleo? Um dia vou escalar uma montanha. Talvez não vá escalar. Paraquedismo é melhor. Sexo, sexo é bom demais".

É claro que existem variações. Se o homem em questão for um músico, por exemplo, alguma referência musical vai passar pela cabeça dele. A essência, no entanto, a razão pela qual a maioria dos homens é incapaz de responder às mais básicas perguntas que fazemos é que, no momento em que perguntamos o que eles estavam pensando, o pensamento em questão era tão completamente absurdo e ridículo que eles sabem disso e preferem ficar quietos.

Tal fato é ruim? Provavelmente não. É apenas diferente. Em parte, esse é um dos motivos pelos quais gostamos dos homens: eles são diferentes de nós. Faz parte do charme que possuem.

"A maioria dos homens é razoavelmente útil em um momento de crise. A dificuldade está em convencê-los de que a situação chegou a um ponto crítico."

~ Elizabeth Peters, *A maldição dos faraós* (1981) ~

Isso deveria impedi-la de perguntar no que ele estaria pensando? Acho que não. Mas você se sentirá bem melhor se parar de esperar que seu parceiro esteja pensando no relacionamento no momento em que fizer tal pergunta.

Isso significa que você deveria parar de pensar ou de falar sobre seu relacionamento? Também acredito que não.

No entanto, se apenas um de vocês estiver pensando no relacionamento, existe um perigo claro e real de que essa parte (normalmente a mulher) se transforme no Fiscal da Relação. E isso não é legal para ninguém. Ser o Fiscal da Relação não é uma alternativa atraente, por nenhum ângulo que se observe, e deve ser uma situação evitada a qualquer custo.

"Exijo apenas três coisas de um homem. Ele precisa ser bonito, implacável e burro."

~ Dorothy Parker, em *You Might As Well Live*, de John Keats (1970) ~

E você pergunta: "Ah, claro, e como conseguir não ser a Fiscal da Relação?"

Você já conhece a resposta. Precisa saber esperar.

São dois pra lá e dois pra cá para fazer um relacionamento dar certo. Isso significa que os dois precisam pensar em modos de tornar o relacionamento funcional. Como fazer com que ele pense? Você simplesmente não tem como fazer nada, mas pode manter abertas as linhas de comunicação e levantar tópicos de discussão.

Sylvia **por Nicole Hollander**

"Eu sempre detestei acreditar que o sexo é o principal elo entre um homem e uma mulher. A amizade é bem mais humana."

~ Agnes Smedley ~

Capítulo 7

~ O estilo da mulher poderosa para lidar com homens ~

Como a mulher poderosa que existe em você lida com os homens? Essa é uma pergunta realmente capciosa. Afinal, a mulher poderosa interior lida com os homens com potencial de namoro exatamente da mesma forma que se relaciona com qualquer pessoa: ou seja, honestamente.

"O principal problema de todos nós, homens e mulheres, não é aprender, e sim desaprender."

~ Gloria Steinem ~

É bem mais fácil assim. É fundamental, no entanto, admitir algumas verdades simples em relação a como os homens encaram a vida.

Os homens, aparentemente, amam os desafios. Em tese tal estatuto é uma verdade biológica básica, mas eu não sabia disso porque fui reprovada em Biologia I. De acordo com algumas pessoas que parecem habitar um universo paralelo (vocês sabem quem são), a informação acima legitima aquele tipo de mulher que busca relacionamentos com homens que se comportam de maneira reprovável. Veja como a coisa funciona nesse universo paralelo:

Se você quer um homem, precisa bancar a difícil.

As variações desse tema são intermináveis: não "facilite" para eles; os homens devem organizar a agenda deles para que ela gire em torno de você, mas você nunca deve fazer o mesmo por eles; nunca rache a conta em um encontro; não telefone para ele; e, por fim, raramente ligue no dia seguinte.

Existe uma definição para esse tipo de comportamento: GROSSERIA!

Sem dizer que é arcaico, antiético, manipulador e... GROSSEIRO! Sério, que história é essa? Não é esse tratamento que você recebe de outras pessoas, não é mesmo?

Se um homem a tratar desse modo grosseiro, você não terá nada a ver com ele, certo? (A única resposta correta para essa pergunta é: "Certo!".) Honestamente, você pretende se passar por grosseira mesmo?

Acho que não.

Além disso, é muito mais fácil e prazeroso ser uma pessoa gentil. Afinal, há uma verdade fundamental quando se diz que as pessoas atraem para si aqueles que têm as mesmas virtudes. E o Estilo da Mulher Poderosa Interior para a Intimidade tem a intenção de tornar mais simples e menos complexa a transição entre a atração inicial e o contato real.

Quando você encontrar alguém por quem se sente atraída, saiba esperar, e reflita. Mais especificamente, pense em como você deseja ir adiante. Você quer brincar de joguinhos contraproducentes como "bem-me-quer, mal-me-

-quer?". Apesar de haver um fundo de verdade na teoria de que a carência desesperada e a seletividade não são uma boa forma de estimular um relacionamento, manter alarmes perto do telefone para ouvi-lo tocar e negar-se ao prazer de ter a companhia de alguém apenas para se fazer mais desejável são atitudes tolas. Esse tipo de coisa não passa de joguinho, e não existe espaço para joguinhos aqui.

Um lembrete da sua mulher poderosa interior:

O cara errado não é um estepe que funciona para encontros de emergência. Ele é apenas o cara errado.

Embora existam momentos em que um relacionamento possa se parecer com um jogo de xadrez (por exemplo: quando se está negociando visitas para as respectivas famílias durante o mesmo feriado prolongado), manobrar demais apenas para entrar em um relacionamento dá muito trabalho, sem contar que se trata, na prática, de uma receita para o desastre. Se você precisa manipular sua entrada em um relacionamento, será que vai conseguir relaxar em algum momento?

Não: você será forçada a continuar agindo misteriosamente, certificando-se de manter a aparência ambivalente para o homem da sua vida, sem jamais vestir aquelas calças largas e velhas que roubou do seu irmão e que são confortáveis demais para serem jogadas fora. Ou, pior ainda, nunca vai poder tomar a iniciativa na hora do sexo.

Isso é jeito de viver? Creio que não.

É preciso haver alguma espécie de meio-termo entre o desespero e a apatia. Esse meio-termo fica claro quando se segue o Estilo da Mulher Poderosa Interior para a Intimidade. Resumindo: a mulher poderosa que existe dentro de você precisa ser tirada para dançar? Não. Se você quer dançar com ele, você o convida. Se ele não quer, você dança com outra pessoa. E quando eu falo em "dançar" é uma metáfora, OK?

Por que não o cara errado?

Isso vai acontecer: você conhece um homem louco para sair com você, mas não compartilha do entusiasmo dele. Não se trata apenas de não estar muito interessada: você não está *nada* interessada. Como a mulher poderosa dentro de você lida com isso?

Com gentileza, claro. Você não vai se aproveitar dele, não vai fazer com que ele sirva de estepe para eventuais emergências, não vai estimulá-lo de maneira nenhuma. Essas táticas nunca funcionam, e isso quando o tiro não sai pela culatra: lembra-se da Scarlett O'Hara em *E o vento levou*, que se casou com vários caras errados porque precisava estar com um homem, fosse qual fosse, e não podia ficar com Ashley? Ela acabou perdendo o cara certo ("Rhett, ah, Rhett!") em um desfecho dramático que funcionou no filme, mas não serviria para a vida real.

Nada disso! O que deve ser feito é mostrar-se sincera em relação a sua falta de interesse.

"Ah, querida, eu até faria... mas não quero."

~ Karen Walker, *Will and Grace* ~

"Mas eu não queria magoá-lo", você se justifica. A isso eu respondo que é desperdício de tempo e de energia tentar poupar os sentimentos de alguém quando essa pessoa inevitavelmente se sentiria ainda mais magoada quando descobrisse a verdade. Se você for gentil, existe a chance de desenvolver uma amizade sincera com esse homem.

"Sou realmente exigente. Nenhuma mulher quer apenas um cara. Você quer um príncipe. Você quer Jesus. Então ele aparece e de repente o nome dele é algo como Bob. O que você deve fazer?"

~ Macy Gray ~

Mas e se existisse a possibilidade de você se interessar? Não é raro uma pessoa se interessar por outra depois de conhecê-la melhor, afinal. Não se preocupe. Nada disso está entalhado em pedra. Se você mudar de ideia depois de conhecê-lo melhor, simplesmente diga isso a ele.

Foi o que aconteceu com a minha amiga Ann. Mais de uma vez. Ann é muito atraente e, apesar de ser um tanto exagerado dizer que ela precisava ficar afastando os homens com um pedaço de pau, ela realmente carregava consigo uma bengala excepcionalmente bacana, onde quer que fosse, para o caso de haver alguma emergência. Mesmo assim, por um tempo, parecia que não se passava uma semana sem que algum cara aparecesse fazendo a ela juras de amor eterno.

Era algo meio enlouquecedor, sinceramente. Mas ela tinha um verdadeiro talento para transformar esses homens em amigos. Bons amigos, com os quais ela passava bastante tempo. E às vezes ela percebia que estava se sentindo atraída por algum deles. Afinal, eles eram (na maioria dos casos) simplesmente adoráveis. Em especial Paul, que escrevia poemas e tinha um jeito maroto e irônico de sorrir. Também teve Tommy, que primeiro não parecia nada além de um completo machão, mas que aos poucos começou a revelar seu astuto senso de humor. Não posso me esquecer de Jim, o corretor de ações com talento para cozinhar e para escolher sempre o vinho certo para cada ocasião.

Em algum momento, Ann interessou-se por cada um eles. E ainda conseguiu mantê-los como amigos depois que o período de interesse passou.

> *"Ninguém jamais irá vencer a guerra dos sexos. Há muita confraternização com o inimigo."*
>
> ~ Henry Kissinger ~

Isso nos leva à "sabedoria popular", que diz que homens e mulheres não podem ser amigos em razão da tensão sexual. Mentira, como vovó já dizia. Tenho vários amigos homens e nunca fui para a cama com nenhum deles. Tenho amigas lésbicas, e sexo nunca foi cogitado entre nós também. Além disso, o que há de ruim em um pouco de tensão sexual entre amigos? Trata-se simplesmente de uma prova de que há um reconhecimento mútuo de que ambos são seres sexuais. E ninguém está dizendo que você deve fazer algo com essa tensão. Não ceder a tentações faz parte do processo de amadurecimento, no fim das contas.

Amor não é competição

Quando você sabe esperar, as situações se desenvolvem naturalmente. Você conhece alguém de quem gosta e que também gosta de você. Isso leva vocês a passarem um tempo juntos, o que pode levar a novos encontros, ou não. Entrar em um frenesi de atividades só para poder dizer que está "ocupada" com um homem, na expectativa de que isso estimule alguma espécie de instinto primitivo da parte dele, não é sinal de inteligência: é manipulação. Enviar flores a si mesma com cartões cheios de duplo sentido é, com sinceridade, um jeito terrivelmente caro de parecer querida por alguém. Sem contar que é um pouco patético. E pense no seguinte: se você descobre que a pessoa com quem está envolvida calculava todo e qualquer passo em relação a você, como se sentiria? Esse tipo de comportamento cria uma atmosfera de conforto e segurança? Acho que não. Você quer manifestar energias assim em sua vida? Eu sinceramente também acho que não.

É claro que, se a intenção for criar uma enorme confusão consigo mesma e com a sensação de bem-estar de uma outra pessoa, siga em frente. Não faltam exemplos desse tipo de comportamento. Olha um aqui: uma mulher que conheço queria se casar com o homem com quem estava saindo. Eles faziam praticamente tudo juntos, desde ir ao cinema até visitar os amigos, além de viajarem juntos nas férias. Mas ele "não trazia o assunto à tona" e parecia que não o faria sem alguma espécie de estímulo. Então ela disse a ele o que queria. Ele não estava pronto para se casar, gostava do relacionamento do jeito que estava. Mas ela realmente queria se casar com ele. Ela achou que podia forçar a barra, e sabia exatamente o que fazer.

Ele havia planejado uma festança para comemorar o décimo aniversário de fundação da sua empresa – convidou todo mundo que conhecia, contratou *buffet* e tudo o mais que podia. No dia da festa, ela simplesmente não apareceu. É claro que ele lhe telefonou:

– Que horas você vem? – perguntou ele. – Os convidados já começaram a chegar.

Ela respirou fundo, fechou os olhos e disse:

– Eu não vou lhe fazer companhia a não ser que você prometa que vai se casar comigo.

Pois bem, você deve imaginar qual foi a resposta. Ele desligou o telefone e nunca mais falou com ela novamente. Três anos depois, ele se casou com outra mulher.

Trágico, não é mesmo?

Bom, nem tanto, na verdade. Veja bem, ela fez pelo menos uma coisa certa: disse a ele o que queria. Mas ela obviamente não estava enxergando o quadro inteiro. Ele tinha avisado que não estava pronto para se casar. Sob essas circunstâncias, ela poderia ter optado por seguir em frente e procurar alguém que quisesse a mesma coisa, ou poderia ter demonstrado um pouco mais de paciência com ele. Em vez disso, ela tentou manipulá-lo, forçá-lo a fazer algo que ele realmente não queria. E isso não funcionou do jeito que ela desejava.

O amor não é uma competição. Não se trata de ganhar ou perder, não se trata de fazer outra pessoa dançar a sua música, não tem a ver com o controle da imagem, com o presente "certo" nem com punir seu parceiro quando ele se comportar "mal". Se você busca esse tipo de relacionamento, este livro não é para você.

Deixe estar

Pois bem, se é verdade que o estilo da sua mulher poderosa interior está isento de manipulações, então o passo seguinte seria, pela lógica, que você não se envolvesse com pessoas que queira mudar.

"Ah, mas para você é fácil falar. Você já tem o Pacote Completo", você pode dizer. Sim, é verdade. Mas o simples fato de ser completo não significa que seja perfeito. Na verdade, ele pode ser um completo pé no saco e fazer muitas coisas que me deixam enlouquecida. Como quando ele se levanta da mesa durante um jantar com amigos para checar e-mails. Ou a capacidade que ele tem de passar dias – isso mesmo, dias – sem pronunciar nem ao menos uma palavra. Ou quando ele... bem, deixa para lá. O que quero dizer é que o fato de haver espaço para mudança não significa que eu tenha o direito de mandar na vida dele.

Ah, é claro que digo coisas como "pensei que hoje à noite você fosse usar aquela camisa azul de que eu gosto", ou coisas do gênero. (Por falar nisso, se ele pediu a você que o ajude a escolher roupas novas para comprar, isso não significa que você esteja tentando mudá-lo. Você está sendo prestativa.) Mas se você por acaso se flagrar dando ordens, em vez de sugestões, você já invadiu o território do seu parceiro e está tentando mudá-lo.

Isso não vai funcionar. Você não vai conseguir mudar o comportamento ou os hábitos de um homem, pois ele já está acostumado a se comportar de determinada maneira ou a fazer as coisas de um certo jeito. E o comprometimento dele com tudo isso é maior, mais profundo e mais forte do que você. Isso vale para as coisas realmente importantes – você pode estar apaixonada, mas, se você quer filhos e ele não, não existe nada que vá mudar isso – e também para assuntos incidentalmente menores – como a dedicação dele a uma coleção de selos.

Em um mundo ideal, existirá uma sobreposição entre o que você considera importante e o que um homem com quem você esteja envolvida ache importante: o nome disso é interesse compartilhado. Mas a probabilidade de duas pessoas compartilharem todos os interesses não apenas é duvidosa, mas até um pouco sinistra, se pensarmos melhor.

Por exemplo: depois de dois anos de namoro entre meus amigos Barb e Jim, ela encasquetou que ele deveria abrir mão de viajar para uma prova de corrida em Bonneville Salt Flats por achar que o interesse dele na quebra do recorde de velocidade em solo era uma bobagem. Naturalmente, Jim tinha outra opinião sobre isso. Barb tentou uma série de diferentes táticas para convencê-lo a não ir – sugeriu um fim de semana prolongado em uma pousada charmosa no interior, fez beicinho, seduziu, lembrou que ele sempre voltava dessa corrida com aquelas terríveis queimaduras de sol. Certo dia, Jim disse a ela:

– Tudo bem, desisto da viagem a Bonneville se você parar de treinar kung fu.

Barb estava prestes a tentar subir para a faixa marrom depois de anos de treino em artes marciais. Talvez fosse desnecessário dizer, mas Jim até hoje faz sua peregrinação anual a Bonneville.

Felizmente Barb não chegou a recorrer ao "se você realmente me amasse". Esta com certeza seria a última coisa que diria qualquer mulher em contato com sua mulher poderosa interior.

Em resposta à pergunta "o que as pessoas fazem em encontros a dois?", um menino de 10 anos de idade teria respondido: "No primeiro encontro elas apenas contam mentiras uma para a outra, e isso normalmente as deixa interessadas o bastante para saírem novamente". A mulher poderosa que existe em você gostaria de lembrar que deve existir alguma alternativa a esse tipo de encontro.

Sylvia
por Nicole Hollander
Oi, meninos, o que está rolando?
Sua vida amorosa.
Nós andamos preocupados com...
© 1993 BY NICOLE HOLLANDER
Que bonitinho.
Para você.
Nós arrumamos um encontro ...
4-16
O QUÊ?
Ele pareceu muito legal.
Pegamos na sua agenda de telefone.
Nicole Hollander

"Quantas de vocês já começaram a sair com alguém por ser preguiçosa demais para se suicidar?"

~ Judy Tenuta ~

Capítulo 8

~ Encontros ~

Para que se obtenha o máximo possível de um encontro, você precisa entender o que é isso e, o mais importante, o que não é.

"Ainda espero conhecer um homem que tenha mais colhões do que eu."

~ Salma Hayek ~

Um encontro é:

- Recreativo. Quando sai com alguém você janta, vai ao cinema, passa as tardes dos fins de semana fazendo coisas legais, faz... Bem, você já entendeu.
- Uma atividade de valor agregado. Isto é, você faz coisas que deseja fazer, vai a lugares onde tem vontade de ir, assiste aos filmes que quer ou tenta alguma coisa que nunca consegue fazer sozinha. E se a companhia for

boa, isso é um bônus. Você não faz essas coisas apenas para estar com uma pessoa.

- Normalmente planejado com antecedência. Apesar de não haver nenhuma regra rígida sobre com quanto tempo de antecedência um encontro deva ser planejado, aquelas em contato com sua mulher poderosa interior normalmente têm uma vida movimentada. Portanto, planejamento é essencial.
- Uma missão de reconhecimento. É uma oportunidade de conhecer alguém bem o bastante para decidir se você quer ou não quer desenvolver um relacionamento com aquela pessoa.
- Educativo. Todas as pessoas com quem você sai provavelmente terão alguns elementos do seu parceiro "ideal". Ir a um encontro ajuda a perceber quais dessas características são realmente importantes para você, e pode ajudar a abrir os olhos para novidades.
- Uma atividade pública. Isso significa que você não fica se escondendo por aí quando sai com alguém. Mesmo que aquele lindinho do departamento de marketing diga que quer manter as coisas apenas entre vocês "por algum tempo".

Um encontro não é:

- Estritamente hormonal. É claro que você pode dormir com alguém com quem esteja saindo, mas você não deixa que isso afete seu juízo.
- Um relacionamento. Encontros podem levar a um rela-

cionamento, mas um ou dois encontros não equivalem a um relacionamento.

Sair com alguém significa deixar sua vida de lado para passar todos os momentos possíveis com um homem, presa a uma euforia que simplesmente pode terminar de maneira trágica? Acho que não.

Da mesma forma, encontros não incluem atitudes como vender todas as suas coisas e atravessar o país para ficar com o cara. Na verdade, o Estilo da Mulher Poderosa Interior para a Intimidade elimina a possibilidade de você empacotar seus pertences e ir morar com alguém com quem esteja saindo. Esta atividade faz parte de relacionamentos, e será abordada em breve.

Etiqueta para encontros

Devemos abordar algumas questões que surgem em relação às nuances sociais dos encontros. Para constar:

- Quem dá o primeiro passo?
- Quem chama quem para sair?
- Telefonemas: quem os instiga? Ligar de volta ou não?

As respostas para essas perguntas são fáceis: a pessoa mais interessada dá o primeiro passo; a pessoa mais interessada chama a outra para sair; a pessoa que pensa em ligar telefona primeiro; e a pessoa que ouve uma mensagem em sua secretária eletrônica liga de volta.

Quem paga o quê?

O ato de pagar contas é tratado de forma bastante simples no Estilo da Mulher Poderosa Interior para a Intimidade. Quem sugeriu o encontro paga. Portanto, se você o convidou para ir a um restaurante badalado, é melhor ter dinheiro para bancar a conta. É claro que existem homens que se sentem ameaçados por mulheres bem-sucedidas profissionalmente e podem não se sentir confortáveis com o fato de a mulher se propor a pagar. Mesmo que isso não seja um problema no início, pode se mostrar problemático depois.

Minha amiga Audrey é uma advogada de sucesso – está nadando em dinheiro. Ela também é uma pessoa extremamente generosa. Audrey estava saindo com um cara que era um artista, ou algo nessa linha. Marty pintava, mas quase sempre casas; a "arte" dele consistia em telas que ele sujava com sobras de material de diversos trabalhos. As telas não eram muito boas, na verdade; além de as cores serem um pouco estranhas, o fato de ele usar brochas de pintar parede dificultava qualquer tentativa de sutileza. Ninguém comprava os quadros dele, a não ser Audrey (eles se conheceram na apresentação de um grupo do qual ele fazia parte). Mas Marty continuava castigando as telas. E Audrey fazia o de sempre, tentava dar apoio.

Para ela, dar apoio significava comprar as coisas dele. Coisas caras. Como Audrey tinha de se relacionar com clientes, ela comprava roupas para Marty ficar com uma aparência melhor. Ela sempre chegava ao estúdio dele (o celeiro sem calefação em que ele morava na época) com o porta-malas cheio de compras de supermercado. E ela pagou uma viagem ao Caribe no primeiro inverno em que passaram juntos.

"Encontros servem para que as pessoas se divirtam e elas deveriam usá-los para se conhecerem melhor. Até mesmo os meninos têm algo a dizer quando os ouvimos por tempo suficiente."
Frase atribuída a uma menina de 8 anos, comprovando a tese da mulher poderosa interior que diz que nunca é cedo demais para ouvir o sexo oposto.

Marty parecia apreciar a generosidade de Audrey – exibia suas roupas novas e fazia refeições maravilhosas com a comida que ela comprava. Isso sem contar a série de quadros que ele pintou inspirados na viagem de férias – que eram meio enigmáticos e vazios, já que o trabalho anterior dele fora pintar uma casa de branco. Mas Audrey jurava que as vastas extensões de tela com aparência de leite capturavam tanto o clima frio do qual haviam escapado quanto o ofuscante brilho do Sol e a brancura da areia das ilhas.

– É tão perfeito o jeito como você cuida de mim! – dizia Marty a Audrey.

Ele falava para todo mundo que amava o fato de o relacionamento entre eles mostrar uma espécie de redefinição de papéis.

E então Audrey presenteou Marty com um jogo completo de pincéis e óleos.

Ele ficou pálido.

– O que você pensa que eu sou? Alguma espécie de garoto de programa? – gritou ele. – Você acha que só porque ganha mais dinheiro que eu pode controlar minha vida?!

A cólera dele não tinha limites: uma coisa era Audrey comprar roupas e comida; outra, era ela dar a entender que havia algo faltando em sua arte.

No fim, Marty admitiu que o enorme salário de Audrey sempre fora um problema para ele, mas ele não queria acreditar que era tão superficial assim. De todo modo, o relacionamento acabou ali. E o incômodo não foi apenas de Marty. Depois de um tempo, Audrey admitiu que, apesar de realmente gostar dele, o fato de ter que bancar tudo começou a incomodá-la.

– Quer dizer, eu gosto de ir a lugares legais – explicou ela. – E é claro que posso pagar por isso, mas também é legal ser convidada de vez em quando, sabe?

Isso não significa que você só deva sair com homens que ganham o mesmo ou mais que você. Isso quer dizer apenas que você precisa saber como os dois se sentem em relação a quem ganha mais. Pois o dinheiro importa, especialmente quando o relacionamento se aprofunda. Um cara que não fica feliz com seu sucesso não vai apoiá-la para que chegue ao topo (onde se fica sozinha). Portanto, você provavelmente vai querer manter esse tipo apenas como um cara para sair despretensiosamente, e não como algo sério.

"Estava desesperada e fui até uma daquelas agências nada baratas que promovem encontros. A consultora foi bem romântica: 'Você precisa ter um cara no anzol. Você o desce bem devagar'. Perguntei: 'Quando eu frito ele?'.

Não entendo nada de relacionamentos, mas posso ter uma barraca de peixe com batata."

~ Maura Kennedy ~

Encontros ruins e outros tormentos

A premissa mais básica aqui é que encontros são também uma atividade prazerosa. Mas na vida real nem sempre acontece assim.

Encontros podem ser difíceis, infrutíferos, tensos e arriscados, de modo a causar calafrios em cada célula do seu corpo. Então, o que fazer quando tudo sai errado em um encontro? Se você estiver adotando o Estilo da Mulher Poderosa Interior para a Intimidade, são grandes as chances de você entrar em alguma atividade que realmente a interesse. Mas se de fato não houver escapatória, você vai descobrir sabendo esperar, e depois conseguirá sair sozinha de uma situação desagradável.

Por exemplo: nos primórdios de minhas próprias aventuras amorosas, aceitei um convite para um encontro às cegas na véspera do ano-novo, armado por uma amiga minha que sempre dá uma maravilhosa festa de passagem de ano. Nós dois havíamos sido convidados, então pareceu lógico sairmos para jantar antes da festa.

A coisa não começou bem. Como a véspera do ano-novo é sempre uma ocasião mais festiva que de costume, eu me produzi toda: um lindo vestido, maquiagem, tudo a que tinha direito (e, devo dizer, eu estava linda). Charlie apareceu vestindo calça de algodão e camisa polo. Admito que por um momento tive vontade de subir correndo e trocar de roupa para algo mais informal, para que ficássemos em sincronia, mas soube esperar em relação a isso.

Nosso diálogo era tão sem sincronia quanto a nossa roupa – estávamos falando dos mesmos assuntos, claro, mas não na mesma frequência. Na hora em que nos sentamos à mesa do restaurante, eu já sabia que meu primeiro encontro com Charlie provavelmente seria o último. Ele me perguntou várias vezes:

– E por que você não se casou de novo?

Não fazia muito tempo que eu estava divorciada naquela época, então em cada uma das vezes que ele perguntava eu dava uma resposta educada e levava a conversa para outro caminho.

Só que Charlie não queria deixar aquilo passar em branco. Quando ele repetiu a pergunta pela terceira ou quarta vez, dessa vez acrescentou:

– ...Digo, você até poderia perder um pouco de peso, mas ainda assim...

A mulher poderosa que existe dentro de mim promoveu um debate com minha Bondade Tóxica por cerca de 30 segundos. Eis o que se passou entre elas naquele momento:

Mulher poderosa interior: – Que ofensa! Quem esse cara pensa que é, o rei da cocada preta?

Bondade Tóxica: – Apenas sorria.

Mulher poderosa interior: – Eu não vou sorrir. Isso é ridículo.

Bondade Tóxica: – Ele provavelmente está tentando ser gentil. Dê uma chance.

Mulher poderosa interior: – Quer saber? Acho que não quero passar nem mais um minuto com esse cara. Fui.

Bem, e assim foi. Fui clara. Tudo o que havia a fazer era agradecer pelo jantar e dizer a ele que eu achava que não devíamos seguir adiante naquele encontro. Em razão dessas circunstâncias, decidi não ir à festa também. Peguei o telefone, liguei para uma amiga que boicota festas de ano-novo e ficamos o restante da noite na casa dela, assistindo a filmes e passando uma noite maravilhosa juntas.

Naquela época eu ainda era novata no estilo da mulher poderosa interior. Hoje, com mais experiência nas costas, eu teria optado por ir à festa. Afinal, não era culpa minha nem de Charlie o fato de não combinarmos muito. O importante é que não abri mão do meu poder; não aceitei me passar por capacho, nem por aquela noite.

Aconteceu algo parecido com meu amigo Lenny em um primeiro encontro. Lenny empregava o estilo da mulher poderosa como seu próprio guia para romances e, devo dizer, ele teve um ótimo desempenho sabendo esperar (também funciona para os homens!). Ele conheceu uma mulher, Cheryl, e a convidou para almoçar. (Lenny prefere almoçar no primeiro encontro, por se tratar de uma opção com tempo mais limitado que o jantar). Em algum ponto do almoço, ela de repente soltou uma declaração pouco lisonjeira:

– Sabe, você tem cara de bandido – disse Cheryl.

Lenny recostou-se na cadeira e pensou por um instante.

– Agora, me explique: por que disse uma coisa dessa? – pediu ele.

– Bom, é que seus olhos são escuros e sua sobrancelha é grossa... – gaguejou Cheryl.

– Eu sei disso, eu me olho no espelho há anos – respondeu Lenny. – O que eu quero saber é o motivo pelo qual você está me dizendo uma coisa dessas!

Cheryl realmente não tinha a resposta no início, mas depois acabou dizendo a Lenny que havia feito aquilo porque estava ansiosa.

– Quer dizer, eu não te conheço direito...

– Bem... – começou Lenny – entendo que você esteja ansiosa. Eu também estou. Mas acho que o que você disse foi insultante e devo admitir que me chateou.

– Desculpe-me. Eu estraguei tudo, né? – perguntou ela.

Lenny pensou um pouco mais.

– Não sei dizer, vamos ver o que acontece no restante desse almoço.

Lenny e Cheryl recuperaram-se do momento constrangedor o suficiente para chegarem até a sobremesa. Mas Lenny não quis sair com ela novamente. Ele me disse: "Pensei no assunto e imaginei que, se ela era capaz de dizer uma coisa daquelas no primeiro encontro, o que falaria na primeira briga? E eu sinceramente não estava disposto a descobrir". De maneira admirável, ele depois telefonou para Cheryl a fim de explicar por que não sairia com ela de novo, "pois ela tinha o direito de saber".

Sylvia **por Nicole Hollander**

"Saia da frente enquanto me transformo em algo ainda mais formidável."

~ Frase tirada de uma camiseta ~

Capítulo 9

~ Momentos perigosos ~

Existe uma zona mista entre o significado de uma série de encontros e o de um relacionamento de verdade: aquela em que você já passou da fase de apenas sair para jantar, mas ainda não entrou em discussões do tipo "para onde acha que esse relacionamento está indo?". O Estilo da Mulher Poderosa Interior para a Intimidade pode ajudá-la a atravessar essa terra de ninguém, permitindo que você própria decida qual é a melhor maneira de proceder.

Por exemplo, você já está saindo com o cara faz um tempo e há um evento pela frente: uma festa, um casamento, uma reunião familiar, papai e mamãe estão na cidade (ou qualquer outra variação que seja). Você o leva junto, ou não comenta nada com as partes envolvidas?

Você sabe o que fazer: esperar e refletir.

Há algumas coisas a considerar enquanto você pensa: há quanto tempo vocês estão saindo? Você prefere ir sozinha? Você quer mesmo sujeitar esse homem a uma espécie de análise microscópica?

Você acha que seria legal aparecer com um ficante real em vez de ir com um amigo (antigamente conhecido como "Acompanhante de Respeito")? Você sabe, aquele bom amigo que serve de companhia, como escudo humano, parceiro de dança e motorista designado. Aquele amigo que tem seu próprio *smoking* e não tem vergonha de usá-lo.

Ou, na verdade, você acha que a esta altura do relacionamento de vocês é hora de ele conhecer as pessoas próximas e queridas (ou distantes e queridas, ou distantes e nada queridas, tanto faz) da sua vida simplesmente por considerar que é justo que ele saiba como você se comporta nessas ocasiões?

"Relacionamentos íntimos não podem substituir um plano de vida. Mas para que tenha algum significado ou viabilidade, um plano de vida precisa de relacionamentos íntimos."

~ Harriet Lerner, *Dance of Intimacy* (1989) ~

O modo como você lida com essa situação é importante. A primeira opção remete ao desespero e a um arrogante desejo de provar, de uma vez por todas, que você não é uma fracassada incapaz de conseguir um homem. E essas não são realmente boas razões para tocar a Marcha Nupcial no meio da salada da tia Lulu, independentemente de como você tente justificar isso depois. E lembre-se de que, se o relacionamento não durar, você vai ter de explicar à tia Lulu o que aconteceu com o... como ele se chamava mesmo?

Já tentar dar a esse homem uma chance de conhecê-la melhor é, digamos, bem mais razoável, você não acha? Pois levá-lo junto não apenas vai permitir que ele tenha uma ideia de como é sua vida de verdade, mas também permitirá que você perceba como ele reage às novas informações. Isso, por sua vez, a ajudará a decidir se ele é alguém com quem você quer se envolver mais.

"Eu vou conseguir!"

Você está na casa dele. O telefone toca, ele está no chuveiro/levando o lixo pra fora/trocando o óleo do seu carro (o que de modo nenhum significa que ele a considere incapaz de fazer isso sozinha). Você atenderia?

Bem, isso depende de uma série de coisas. Antes de tudo, há quanto tempo vocês estão saindo? Se não há um acordo de exclusividade, você está confortável diante da possibilidade de ser outra mulher? Se fosse o contrário, você iria querer que ele atendesse o telefone na sua casa? Trata-se de um assunto delicado no início de um relacionamento. Ele traz à tona fantasmas como os da privacidade e da propriedade.

A maneira mais segura de lidar com isso é avisar a ele que o telefone está tocando e perguntar se ele quer que você atenda. Se ele disser que a secretária eletrônica está ligada, procure não sucumbir à tentação de ouvir a mensagem.

É claro que, se ele tiver saído para comprar comida ou qualquer outra coisa do gênero, será impossível perguntar algo para ele. Em situações assim, deixe a secretária eletrônica se encarregar de tudo. Seja como for, não caia na tentação de ouvir a mensagem. Se a secretária eletrônica não estiver ligada, quem estiver tentando falar com ele, seja lá quem for, vai entrar em contato de novo.

Acesso

O que dizer quando um tem a chave da casa do outro, sabe os códigos de alarme e outras coisas do gênero? Saber esperar é fundamental quando se fala nesse tipo de assunto. Você precisa ser clara com relação a todas as ramificações relacionadas a isso. Afinal, você não quer, de verdade, que um homem com quem você esteja se encontrando apenas esporadicamente tenha acesso ilimitado a sua casa, não é mesmo? Eu acho que não.

E se ele der a você uma chave da casa dele para que você possa alimentar o peixinho quando ele estiver viajando em férias? Querida, se você não estiver em férias junto com ele, melhor devolver essa chave o mais rápido que puder. Mesmo que se trate de uma viagem em que você não iria mesmo se alguém pagasse para você. Depois, se ele aceitar a chave de volta, então você sabe o motivo.

Bisbilhotagem

Não faça isso. Bisbilhotar não compensa, mesmo que o desejo seja irresistível – pelo menos para mim é. Acredite no que eu digo. Bisbilhotar nunca é uma boa ideia. De verdade. Nada boa. Nunca. Porque assim que você bisbilhotar, você já sabe. E ou você admite que sabe (o que é constrangedor, pois você não teria ficado sabendo de outra maneira que não fosse fuçando) ou anda por aí sabendo o que sabe sem poder permitir que ele saiba que você sabe. Independentemente de como essa confusão toda se dá, bisbilhotar não é uma boa ideia. Então não faça isso. Nunca.

Paparicos

Não, eu não estou falando de sexo. Esse é o tema de outro capítulo. Eu falo de presentes. Presentes num sentido amplo. Não se trata de algo simples.

Preste atenção à seguinte situação:

Vocês se conheceram há três semanas e saíram juntos quatro vezes. Hoje é o seu aniversário, ou o dele, ou então Dia dos Namorados, Natal, ou qualquer festa que o valha. O que fazer? Qualquer simples comemoração requer uma gentileza de alguma espécie. Sempre tenho em mente que, na dúvida, um vasinho com alguma planta simpática é uma boa ideia. Talvez um livro. Mas com certeza, especialmente no caso do Dia dos Namorados – uma data altamente exagerada, independentemente da situação –, nenhuma dessas coisas é carregada de significado excessivo.

E se ele te der um presente que seja uma mera lembrancinha? Em um universo paralelo, qualquer coisa aquém do presente "perfeito" vale para justificar um escândalo. No mundo real, entretanto, seria totalmente injusto julgar o valor de um parceiro potencial pelo tipo de presente dado por ele quando vocês só estão começando. Você iria querer esse tipo de pressão sobre si se fosse o contrário?

Acho que não.

Veja o que aconteceu no meu aniversário no primeiro ano em que eu e o Senhor Romântico estávamos ficando. Estávamos saindo juntos havia apenas duas semanas quando chegou o dia do meu aniversário. Ele perguntou o que eu queria de presente. Ainda sob os espasmos da paixão cega do início de namoro, eu disse a ele que tudo o que queria era que fizéssemos amor o dia inteiro. É claro que eu esperava que ele levasse algum presentinho de aniversário. Devo dizer que ele não me deu nada além de um cartão de feliz aniversário, apesar de ter me presenteado com o que eu havia pedido. Mas fiquei meio ressentida mesmo assim.

O tempo passou e chegou o Dia dos Namorados. Eu dei a ele um cartão e uma caixa de chocolate em formato de coração. Ele não me deu nada. Fiquei arrasada e disse isso a ele. No dia seguinte ele chegou em minha casa com dois travesseiros, "para você usar na minha casa". E no meu aniversário naquele ano, ele deu algo que eu sempre quis e que, naturalmente, ele sabia que eu sempre tinha desejado porque eu havia contado a ele.

Em um universo paralelo, eu o teria dispensado logo depois daquele meu primeiro aniversário. E isso teria sido muito triste, além de uma enorme tolice.

Mas o que fazer se o cara vier com um presente do qual você definitivamente não gostou? Tive um namorado (na verdade, um marido) que parecia fadado a me dar o pior presente imaginável para cada situação. Se eu dissesse a ele exatamente o que queria de aniversário ou no Natal, ele compraria qualquer outra coisa, menos aquilo que eu havia dito – e essa é só uma parte da razão pela qual hoje ele é meu ex-marido. O que fazer, no entanto, se o homem for um verdadeiro anjo e te der aqueles presentes terríveis?

Se este livro estivesse sendo escrito por minha mãe, ela diria para sorrir graciosamente, agradecer pela lembrança e depois trocar na loja por alguma coisa que você quisesse. Mas esse não seria o estilo da mulher poderosa. Você precisa deixar claro para ele que não gostou, sem, logicamente, sair dizendo:

– Que porcaria é essa? Você chama isso de presente?

Que tal tentar o seguinte:

– Sabe, acho que me dar um apito para chamar patos pode ter parecido realmente uma boa ideia na hora em que você viu isso. Mas, querido, eu não caço patos, nunca cacei patos e as chances de que um dia eu venha a caçar patos são nulas. Então, da próxima vez que você estiver pensando em algo para me dar de presente, mantenha apenas uma palavra na cabeça: lingerie.

Sylvia **por Nicole Hollander**

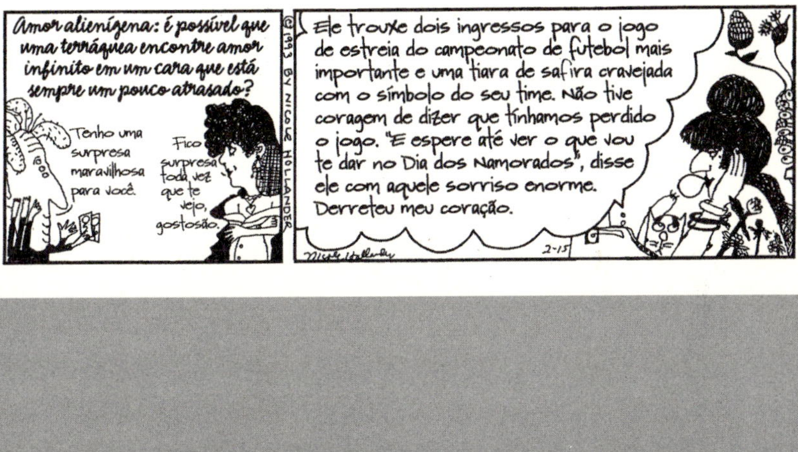

"Eu te amo não é uma pergunta."

~ Shelly Roberts ~

Capítulo 10

~ Negócio de risco ~

Às vezes namorar alguém acaba levando a algo diferente, mais profundo.

Você pode achar que está apenas saindo com alguém e de repente é atingida em cheio por aquele pedregulho chamado realidade. Pode acontecer em qualquer lugar – em um restaurante fabuloso, quando está pechinchando em sua loja favorita, na aula de kickboxing, quando vê outro homem pelo qual se sente atraída durante um passeio trivial. Nesse exato momento, enquanto você contempla as possibilidades com esse novo homem que passa, ou enquanto faz o seu trabalho de sempre, subitamente percebe: "Meu Deus, estou em um relacionamento!". Ou apenas: "Meu Deus, estou apaixonada!". (Se isso realmente acontecer em algum momento da aula de artes marciais, meu conselho é que você tente bloquear. Uma coisa é ser golpeada e saber de onde veio; outra coisa é ser atingida e não saber como.)

Isso pode parecer um pouco com a percepção da perda da visão periférica, e de fato é algo do tipo. Mas não é necessariamente ruim, mesmo que você esteja exercendo a "espera", mencionada no primeiro capítulo deste livro. Manter a consciência em relação ao que se está pensando não significa que você não se sentirá surpreendida pela resposta de vez em quando. Há inúmeras vezes nas quais a gente pensa em pedir salada, mas acaba pedindo um fettuccine ao molho Alfredo.

É claro que o amor não é um fettuccine ao molho Alfredo, apesar de haver alguns riscos envolvidos em relação a ambos. Se comer fettuccine ao molho Alfredo com frequência, você vai acabar ganhando peso e terá que passar um bom tempo fazendo dieta. O amor, por sua vez, é realmente arriscado: quando você se abre para o amor, pode acabar se machucando. Temer algo assim é perfeitamente natural e razoável. Mas a manutenção do contato com a mulher poderosa que existe em você pode ajudar a reduzir esse risco. Quando se está em sintonia, você sabe que precisa de apoio em sua vida para que possa assumir riscos. Você faz escolhas. E não nega seus sentimentos. O amor vem até você e sempre há a opção de ir junto com ele ou não.

"Tudo de que precisamos é amor, mas um chocolatinho agora não faria mal a ninguém."

~ Charles M. Schulz ~

Estar apaixonada é uma coisa boa

Estar apaixonada é uma coisa boa, apesar das críticas que se ouve por aí. Estar apaixonada acrescenta um molejo ao seu modo de andar, um elemento de prazer ao mais comum dos dias, uma música para o seu coração, um raio de sol para a chuva. (Ai, me desculpe, estava apenas vivendo um momento de cantora de música brega... Não vai acontecer de novo.)

No momento em que você percebe que está apaixonada por alguém, é importante que seja clara em relação a isso. Principalmente consigo mesma. Mas também com a outra pessoa. Isso nos leva à questão de dizer "isso" em alto e bom som.

Não, não, você primeiro

Existe muita discussão em torno do assunto: toneladas de papel já foram dedicadas à questão de quem deve ser o primeiro a fazer uma declaração de amor.

É claro que, no Estilo da Mulher Poderosa Interior para a Intimidade, se você souber que isso é verdadeiro, sua responsabilidade é comunicar.

A perspectiva é aterrorizante, repleta de tensão e ansiedade.

E se você disser "eu te amo" e ele não responder no mesmo tom? E se isso o forçar a dizer que não sente a mesma coisa? E se ele fizer algo terrível, como uma cara de espanto, ou virar as costas e ir embora sem nem dizer nada? E se ele simplesmente virar de lado e dormir? (Isso foi exatamente o que meu amor fez na primeira vez que eu disse isso a ele.) E se você estiver enganada e não o amar realmente, mas o fato de ter dito a "palavrinha" a lance em uma espiral descendente rumo ao desastre?

E se ele a amar também?

A questão é: você nunca vai saber se não disser nada.

Aliás, se você estiver enganada e não estiver apaixonada por essa pessoa de fato – apesar de realmente *querer* estar apaixonada por alguém –, então obviamente você não está pensando com clareza. Portanto, vamos ver o que sobrou? Ah, sim, o sexo.

Sylvia • **por Nicole Hollander**

"Mulheres se queixam de sexo mais do que os homens. As reclamações resumem-se a duas categorias principais:

1) Não é o bastante.
2) É muito."

~ Ann Landers ~

Capítulo 11

~ A parte mais gostosa ~

Refletir e saber esperar é essencial no que diz respeito ao sexo. Porque as chances de você pensar em alguma coisa com clareza na hora do sexo são ínfimas. Aliás, quem quer pensar claramente durante o sexo? Parece um pouco contraproducente.

Mas a clareza de pensamento *em relação ao* sexo é vital, pois se você não pensar no sexo antes de saltar nele (modo de dizer), tenderá a cometer erros constrangedores. Como na época em que você dormiu com o cara porque era apenas mais simples do que dizer não. Ou quando você já sabia que não voltaria a vê-lo se fosse para a cama, e não foi, e de repente ele apareceu namorando a irmã da sua melhor amiga. E se lembra daquele cara? Bom, quanto menos for dito sobre ele, melhor.

Um mito popular diz que os homens querem "traçar" as mulheres o mais rápido que puderem. Existe, sem dúvida, alguma verdade em relação a isso – afinal, o sexo é um poderoso fator de motivação. Não vamos fingir, no entanto, que as mulheres estão imunes a esse ímpeto. Em grande parte do tempo, você quer "traçar" tanto quanto os homens.

"A paixão é um esporte de contato."

~ Janet Carlson Freed ~

A mulher poderosa interior diz:
"Já para o vestiário!".

É que o sexo, assim como o chocolate, é uma coisa maravilhosa. Há vezes em que a única coisa que vai funcionar será o sexo. Nesse caso, sua mulher poderosa interior sabe que o sexo é a melhor escolha a ser feita. No entanto, você precisa estar ciente do que se passa em sua cabeça em cada momento que conduz a isso.

Em vez de apelar ao mito de se deixar conduzir, pare e reflita: traz pouco benefício fingir que você não tem alternativa a não ser ir para a cama com alguém.

"Você nunca transa do jeito que acontece no cinema. Você não transa no chão, você não transa em pé, nem sempre você tira todas as suas roupas, nem sempre acontece de você estar com aquela lingerie perfeita. Sabe, se alguém arrancasse minhas roupas, eu o mataria."

~ Julianne Moore ~

Tentei explicar isso para minha amiga Laura certa vez, mas ela entendeu melhor o meu problema já que estava em minha casa enquanto eu me arrumava para um encontro.

Então ela soube que eu não apenas tinha depilado minhas pernas, mas que também tinha passado cerca de uma hora decidindo qual lingerie usar. Não preciso dizer que ela não me deixou seguir adiante com a ilusão por muito tempo.

Se você estiver atenta ao que pensa nessas horas, é realmente difícil convencer a si mesma (ou a qualquer pessoa) que foi para a cama com alguém por acaso. Apesar de ser verdade que transar com certas pessoas pode ser um erro, há sempre um certo grau de intenção envolvido no caminho até que isso aconteça.

"Encontrei homens que não sabiam beijar. Sempre arrumei tempo para ensiná-los."

~ Mae West ~

Sua mulher poderosa interior sabe que a vida é curta demais para beijar quem não sabe fazê-lo.

Não tem problema. Não há nada errado em querer transar. Mas é necessário ter clareza do propósito. Você vai para a cama com esse homem porque ele é absurdamente atraente, e a hipótese de não cumprir o dever é terrível demais para ser levada em consideração? É apenas uma questão de satisfazer uma necessidade completamente natural? Ou vocês vão fazer amor, essa expressão de crescente intimidade entre duas pessoas? O motivo importa, porém o que mais interessa é ser honesta consigo mesma e com a outra parte envolvida.

A primeira visão

O costumeiro estágio inicial do sexo é a primeira visão que temos um do outro. Você se depara com um homem e alguma coisa nele aguça sua fantasia – aqueles olhos incríveis, o jeito que ele afasta a franja da testa, aquela dobra perfeita da manga revelando um antebraço bem trabalhado, uma certa tranquilidade no modo como caminha... seja o que for, alguma coisa dispara aquele pequeno sinal. Naturalmente, seus pensamentos nesse estágio até que podem ser de certo modo primitivos: "Quero aquilo, e quero agora!".

Bastante claro, eu diria. Mas você age com base nesse pensamento toda hora? Raramente. Não, esse sinal é o primeiro passo para descobrir mais sobre o suposto paradigma da virtude da masculinidade (e admitamos que, à primeira vista, todos os homens são supostos paradigmas).

> Eu sei que isso já foi dito antes (disse isso a mim mesma em um capítulo anterior, na verdade), mas vale repetir: sua mulher poderosa interior sabe que as duas pessoas envolvidas em um relacionamento são responsáveis por sua manutenção. Ela nunca banca o Fiscal da Relação.

É nesse momento que é preciso saber esperar e refletir. O alerta soou, todos os seus sentidos estão funcionando em alta velocidade e é hora de começar a fazer perguntas a si mesma. Não se trata de perguntas como "qual vai ser o nome do nosso primeiro filho?" ou "será que estou bonita?".

"Beije-me e vai descobrir como sou importante."

~ Sylvia Plath ~

Não, você precisa perguntar a si mesma coisas que realmente irão beneficiá-la. "Ele me lembra alguém? Isso é bom? Quem é aquela mulher que está com ele? Aquelas crianças são dele?". Em outras palavras, você precisa aquietar o brado retumbante de seus desejos e de suas fantasias e reunir mais informações.

Em uma situação ideal, reunir essas informações vai levar algum tempo e você vai se lembrar de dar um passo para trás e organizar seus pensamentos durante o processo. Assim, quando saltar, as chances de riscos ocultos estarão minimizadas e você terá uma noção melhor de onde está se metendo.

Dizendo sim

Ótimo. O clima está legal, a iluminação está perfeita, você soube refletir e decidiu que ir para a cama com essa pessoa é uma boa ideia, e ele fez tudo direitinho. Todos os poros do seu corpo estão dizendo sim, sim, sim, vem! O que a mulher poderosa que existe em você faz então?

Nas imortais palavras de certa campanha publicitária: "Simplesmente faça". Haverá tempo de sobra para pensar mais depois.

Etiqueta sexual

Esta seção poderia ser infinita, então vou simplificar as coisas:

- Sexo seguro: pratique. Isso inclui saber nome, sobrenome e endereço do parceiro.
- Preservativos: certifique-se de que você os tem na primeira vez, mas assim que um relacionamento sexual estiver estabelecido, negocie os termos com ele. Se você está arcando com os custos do seu controle de natalidade, então é justo que ele arque com as despesas das camisinhas e do que mais você esteja usando para não engravidar.
- Brinquedinhos: esta é, na verdade, uma questão relacionada a sexo seguro, de certa maneira. Afinal, você não quer ter que ficar imaginando por onde essas coisas andaram antes, não é mesmo? A coisa mais segura a se fazer, em todo o caso, é vocês irem juntos comprar. E se/quando o relacionamento acabar, livre-se deles.
- Sexo em voz alta: não faça isso se a) estiver visitando seus pais; b) dividir apartamento e seu colega estiver em casa; c) houver crianças no recinto; d) as paredes do seu apartamento forem finas demais.
- Orgasmos: não finja. Não importa o que aconteça. Isso é um total desperdício de energia, especialmente se você sempre desejou ter um de verdade.

Sylvia **por Nicole Hollander**

"O amor é um jogo que os dois podem jogar e também ganhar."

~ Eva Gabor ~

Capítulo 12

~ Relacionamentos ~

No Estilo da Mulher Poderosa Interior para a Intimidade, relacionamentos se parecem ligeiramente com encontros. Mais ou menos como o novo Volkswagen Beetle se parece com o antigo Fusca – é a mesma coisa, só que bem mais evoluída.

Relacionamentos são:

- Mais do que recreativos. Ah, claro, vocês ainda fazem coisas juntos. Mas parte do que vocês fazem juntos tem dois propósitos: fazer o que precisa ser feito (como pintar a sala de estar) e passar o tempo com a pessoa de que você mais gosta.
- Confiáveis. Não importa o formato que o relacionamento adquira, ele é uma parte da sua vida que oferece certo nível de segurança.
- Espontâneos por natureza. Afinal, quando você tem certeza de que a outra pessoa vai estar por perto?
- Baseados no que já se conhece. Apesar de haver bastante espaço para surpresas, você basicamente conhece bem a pessoa com quem está envolvida.
- Baseados na honestidade. Você não finge ser quem não é.

Estar em um relacionamento significa que sua vida tem de girar em torno da outra pessoa? Creio que não.

Se tudo isso for seguido à risca, o relacionamento vai durar para sempre? Também acho que não.

Toda essa conversa madura significa que o estilo da mulher poderosa não é uma coisa divertida? Mais uma vez, creio que não. Na verdade, o grande benefício desse estilo é que você não está ocupada fingindo ser quem não é, e assim você pode relaxar e curtir a si mesma numa boa.

Espere! Isso é maravilhoso!

Já ficou estabelecido que saber esperar e refletir pode ajudá-la a escapar das armadilhas amorosas. Mas sabe de uma coisa? Saber esperar também funciona quando as coisas vão bem.

"No que estou pensando? Estou pensando que eu realmente amo essa pessoa. Estou pensando que minhas necessidades estão sendo atendidas. Estou pensando que é gostoso. Estou pensando que o sexo é maravilhoso e quero um pouco disso agora!".

Relacionamentos – cuidados e manutenção

É extremamente importante manter a vigilância quando um relacionamento vai bem. Talvez isso seja ainda mais importante do qualquer outra coisa, pois relacionamentos dão trabalho, e prestar atenção ao que você pensa quando ele vai bem pode ser útil para atravessar aqueles momentos inevitáveis nos quais a coisa se complica. E as coisas sempre ficam complicadas – faz parte da própria natureza da vida. Existe uma razão para que se diga "isso vai passar". Essa frase não se aplica somente a um jantar chato. Ela abrange também aquele eufórico sentimento de bem-estar inerente ao início de um romance.

- Faz três semanas que você passou um dia (ou talvez uma ou duas horas) se divertindo na companhia do seu objeto de afeto. Quando você se flagrar fazendo mais um plano que a manterá afastada do seu parceiro, saiba esperar! Sim, os momentos com seus amigos e familiares são importantes. Mas onde você está com a cabeça? Seu parceiro também não é seu amigo? Será que seu relacionamento não merece um pouco mais de atenção?
- No início havia presentes. Nada muito grandioso, apenas pequenas recordações de carinho. Um cartão, um arranjo de flores, uma rosa, um desses sinalizadores que podem ser colocados perto do carro para que você fique com as mãos livres na hora de trocar um pneu em uma rua sem iluminação. Você já viu essas coisas, você já comprou essas coisas e já as deu a seu amado só para ver um sorriso no rosto dele. São grandes as chances de você não voltar a ter comportamentos assim. Na próxima vez que essa época dos presentes martelar na sua cabeça, talvez você deva esperar e refletir. Se for só uma coisa que satisfaz o que acha certo, você pode querer comprar. Mas se for uma coisa da qual não consegue

explicar a beleza, mas sabe que seu parceiro iria gostar, você definitivamente vai querer comprar.

- Sexta-feira à noite. A semana acabou. Você não pensa em nada além de voltar para casa, colocar suas roupas mais confortáveis (ou seja, aquelas mais batidas), ligar a TV e pedir alguma coisa para comer. O que se passa pela sua cabeça? "Graças a Deus que hoje eu não tenho nenhum encontro." As chances são de que ele esteja pensando o mesmo. Admita sua vontade. Essa é uma das coisas boas de se estar em um relacionamento.
- Sexta-feira à noite. A semana acabou. Você não pensa em nada além de voltar para casa, colocar suas roupas mais confortáveis (ou seja, aquelas mais batidas), ligar a TV e pedir alguma coisa pra comer. O que se passa pela sua cabeça? "Ai, como eu queria ter um encontro. Seria tão bom dar uma saída." As chances são de que ele esteja pensando o mesmo. Admita sua vontade. Essa é uma das coisas boas de se estar em um relacionamento.

Espere um segundo! Vamos parar bem aqui! Esses dois últimos cenários são estranhamente parecidos. Na verdade, eles são quase idênticos, exceto pelo resultado final! Sinceramente, eles são exatamente iguais. Qualquer relacionamento está sujeito a ser repleto de dicotomias e contradições. Afinal, há seres humanos envolvidos. O importante é que, em ambos os casos, saber esperar e refletir é fundamental. Porque se o que você estiver pensando for "eu quero sair", mas não diz, vai ficar ressentida pelo fato de seu parceiro não ter sugerido uma saída (ou alguma coisa razoavelmente parecida com isso). Da mesma forma, se você estiver pensando "quero comida chinesa na caixinha enquanto vejo um filme na cama" e mais uma vez tiver feito reserva em um novo restaurante badalado na cidade... preciso dizer mais? O importante em ambas as situações é "admitir sua vontade".

Lidando com o conflito

Isso nos leva à questão das brigas.

•

"Acho que deveria ser obrigatório conhecer uma pessoa por pelo menos um ano antes de assumir qualquer compromisso. É preciso conhecer a pessoa nas quatro estações. E se o inverno as deixar loucas?"

~ Norman K. ~

Não importa quão glorioso possa ser um relacionamento; uma hora ou outra vai acontecer uma briga. Ou uma discussão, um desentendimento, uma desavença – dê o nome que quiser. A verdadeira preocupação aqui é diferenciar entre simplesmente brigar e brigar de maneira limpa. Apesar de as duas coisas se basearem em um conflito, as diferenças entre elas são abissais. Só para constar, na Intimidade Tóxica briga-se mais ou menos assim:

Carol fez uns planos e Norman faz parte deles. Ela proclamou o sábado como "o dia de limpar o quintal", assim ela consegue arrumar o jardim mais rápido do que pretendia.

O que Carol ainda não sabe é que Norman também fez planos para o sábado. Ele combinou com uns amigos de irem a um barzinho assistir à final do campeonato.

Chega o sábado, Carol acorda cedo, faz café e leva um pouco para Norman (com quem ela está namorando há cerca de um ano). Ela o acorda, eles tomam o café e os dois ainda conseguem fazer juntos algumas coisas essenciais. Então Carol levanta-se novamente e toma um banho. Norman volta a dormir.

– Acorda, querido – diz a ele, e começa a se trocar. – Temos muito a fazer hoje.

– Ah, é verdade. A final do campeonato é hoje – murmura Norman. – O pessoal vai se encontrar na hora do almoço.

– Final? Pessoal? Almoço? Do que você está falando? – pergunta Carol.

Norman explica e ela fica furiosa. Porque até onde é do conhecimento dela, Norman deveria ajudá-la com o serviço pesado e depois levar o lixo para fora.

– Mas, querida, é a final do campeonato! – argumenta Norman.

– Tudo bem, então!

Carol passa com raiva o pente pelo cabelo, irrompe pela sala e bate a porta quando sai para o quintal. Norman senta-se na cama e tenta entender o que acabou de acontecer. Então ele decide ir até o quintal conversar com Carol.

– Você quer que eu te ajude com isso? – pergunta ele enquanto Carol descarrega sua fúria recolhendo folhas mortas pelo chão.

– Não, pode ir lá assistir à sua final de campeonato, ou seja lá o que for – rebate ela, enquanto junta uma montanha de detritos em um canto do quintal.

Norman se dá por satisfeito.

– Tudo bem, então. Te ligo mais tarde.

É claro que a situação piora. Carol passa o resto do dia no quintal, varrendo, limpando e podando ela mesma o espinheiro e as plantas.

Norman, por sua vez, vê a final do campeonato na companhia dos amigos, apegado à ilusão de que está tudo bem. Em certo momento, ele chega até mesmo a enaltecer as virtudes de seu relacionamento com Carol.

– Olha, saca só, pessoal! Ela está lá fazendo as coisas dela, e eu aqui fazendo as minhas. Isso é bom demais!

Pobre e iludido Norman.

Na hora que ele resolve ligar para Carol, ela está feito uma louca psicopata dos infernos.

– Passei o dia inteiro lá no quintal e agora você quer que eu coloque uma roupa legal, arrume o cabelo e faça uma maquiagem para sair com seus amigos e falar de um jogo idiota que, pra começar, não me interessa nem um pouco e ao qual nem assisti? Não, amigão. Vou ficar em casa e pedir uma pizza.

– Tudo bem! Mas só pra você saber: tenho reserva para duas pessoas hoje no bistrô. Mas se você não quer, fique aí com sua maldita pizza!

Norman volta para o bar, e pede mais uma rodada para ele e para os amigos (todos vão embora logo depois, pois todos têm planos para a noite, e deixam Norman com duas opções: ficar no bar ou voltar para casa e pedir sua própria pizza).

Carol liga para uma amiga e conta toda a história, dando uma valorizada em alguns pormenores de coisas que Norman fez nos últimos dias. Então entra no chuveiro aos prantos, come sozinha uma pizza grande com as bordas recheadas com catupiry e finalmente cai em um estado de letargia que não tem quase nenhuma semelhança com sono. No dia seguinte, ela e Norman brincam de "ah, não, eu não vou ligar, pois não sou eu que está errado".●

Então o que aconteceu aqui? Eu e você já sabemos, mas vamos analisar mesmo assim.

Carol esperava que Norman a ajudasse com o quintal. Ela disse isso em algum momento? Só na última hora. Portanto, Norman pensou que teria o dia livre para fazer alguma coisa de seu interesse. E ele tinha? Não na cabeça de Carol. E a barra de Norman também não está totalmente limpa. Tudo bem, ele quis fazer uma surpresa marcando um jantar romântico, mas também não a avisou antes.

Esse não é o estilo da mulher poderosa interior. O estilo da mulher poderosa interior é brigar de maneira limpa. Eis as regras de combate:

- Não traga à tona as coisas pequenas que vinham incomodando você desde a última briga. Não há necessidade disso, pois o estilo da mulher poderosa interior requer que você fale sobre essas coisas assim que elas acontecerem.

- Tenha certeza do motivo pelo qual está brava. Afinal, não foi só porque ele comeu a última fatia da pizza, não é mesmo? Não, você está nervosa porque queria uma noite de paz e ele convidou toda a turma do futebol para comer uma pizza em casa.
- Tenha em mente que seu parceiro é uma pessoa com quem você se importa, e que ele é adulto. Portanto, você quer manifestar sua revolta sem magoá-lo e sem cair na dinâmica de tratá-lo como uma criança levada.
- Entenda os graus de ira. Existe diferença entre estar indignada e decepcionada, além de todos os outros tons de cinza da raiva. A briga tem de ser condizente com seu grau de raiva. Então, se você achar que está irada, mas na verdade estiver furiosa, qualquer detalhe pode se transformar em uma confusão aparentemente sem razão.
- Avise-o sobre seu verdadeiro grau de raiva. É justo que seu parceiro saiba se você está irritada, nervosa, muito nervosa, nervosa pra caramba ou nervosa a ponto de literalmente ver tudo vermelho. Esse é o grau de raiva em que você está.

Tudo isso pode ser resumido em duas simples palavras: saiba esperar.

Em caso de conflito, saber esperar pode ser usado como um conceito, ou pode até mesmo ser usado literalmente: você pode esperar para tocar no assunto até ficar mais calma, até elaborar melhor os pensamentos ou colocar em perspectiva o motivo da discussão.

Sylvia • **por Nicole Hollander**

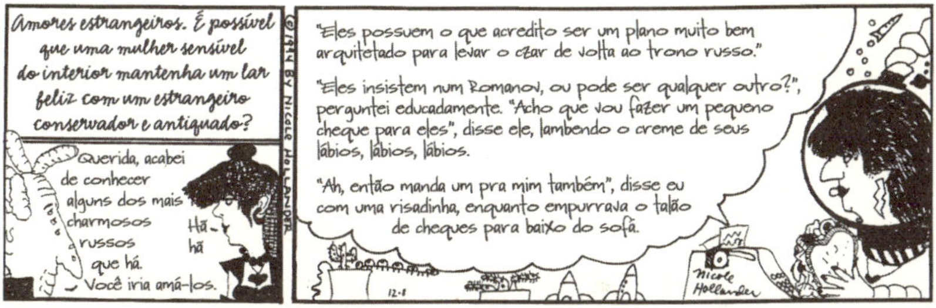

"O amor não é algo estático como uma pedra; ele precisa ser feito, como o pão; e refeito o tempo inteiro, renovado."

~ Ursula K. Le Guin ~

Capítulo 13

~ Morando junto ~

Seja qual for o tipo de relacionamento que se tenha, chega uma hora em que é preciso avaliar a possibilidade de juntar os trapinhos. Não se trata de algo como "estou tão louca para ficar com você que até me mudaria para outro continente", mas sim na linha do "quero compartilhar minha vida e meus armários com você".

Este é definitivamente um momento do saber esperar. Afinal, é preciso pensar na questão dos móveis. Sem contar toda a coisa de... bem, uma série de coisas a considerar quando se assume esse tipo de compromisso. Não importa quais sejam as circunstâncias, morar com alguém significa uma grande mudança em um relacionamento. Ser clara sobre o que você pensa é absolutamente indispensável.

Vamos a um breve teste para ajudar:

1. **Você:**

a) Realmente quer morar com ele?

b) Acha mesmo que é a hora de sair da casa dos seus pais?

c) Precisa mudar porque seu aluguel aumentou?

2. **Você:**

a) Tem coragem para enfrentar as questões que inevitavelmente vão surgir assim que vocês forem morar juntos?

b) Acha que dividir uma casa vai resolver todos os problemas da sua vida?

c) Está tão cansada do latido do cachorro do seu vizinho que se mudaria para qualquer outro lugar do mundo?

3. **Morar com ele vai:**

a) Mudar seu relacionamento.

b) Fazer com que economize uma boa grana no fim do mês.

c) Mostrar ao seu ex-namorado que alguém é capaz de encarar um compromisso com você.

4. **Você quer morar com alguém porque:**

a) Assumir esse compromisso parece uma coisa boa para vocês dois.

b) Ele tem uma sauna, pelamordedeus!

c) É o primeiro passo para que depois ele se case com você.

A única resposta certa para todas essas questões é a alternativa "a". Mas economizar um bom dinheiro no fim do mês também seria uma boa.

Ir morar junto apenas para que ele se case com você, aliás, está totalmente fora de cogitação.

Este é o meu guarda-roupa

Depois de pensarem em tudo isso, você e seu amado decidem que morar junto é a coisa certa a ser feita. Agora começa a parte difícil.

Aqui está uma ideia radical: marcar (e manter) compromissos com os amigos é quase tão importante quanto um plano de sucesso na carreira ou nos negócios.

Antes de tudo, para que tipo de lugar você se mudou? Em uma situação ideal, casais que vão morar juntos seriam capazes de se estabelecer em um espaço de convivência totalmente neutro. Desse jeito, ninguém ficaria na posição de substituto de um antigo ocupante (falaremos mais sobre isso adiante).

Na maioria dos casos, no entanto, a questão passa a ser: "Na sua casa ou na minha?". Às vezes a resposta é extremamente óbvia – amontoar duas pessoas em uma quitinete, por exemplo, é apenas pedir para arranjar problemas. Sobretudo quando a outra casa em questão possui características como banheira de hidromassagem ou um fogão de oito bocas (acontece!). Mas há ocasiões em que isso se torna um pouco mais complicado. Portanto, as opções precisam ser colocadas na balança.

Quantificar os prós e os contras da maioria dos imóveis é bastante simples. Uma casa tem uma bela cozinha, mas falta um quintal; outra tem cinco aparelhos de ar-condicionado e uma conta de energia tão alta quanto. Não importa o que apareça: se duas pessoas já morarem em casas confortáveis para elas, não vai ser fácil abrir mão das suas conquistas. E então começam as negociações.

Em raros casos se revela necessário o serviço de um intermediário profissional para esse processo.

Uma questão de estilo

A maioria das pessoas tem opinião formada com relação à aparência da própria casa. Afinal, seu lar é uma expressão de sua personalidade, não é mesmo? Isso pode criar alguns problemas quando se decide ir morar com seu amado – vocês são duas pessoas diferentes, então são grandes as chances de terem ideias diferentes sobre coisas como móveis e combinação de cores. Para complicar ainda mais a questão, há o fato de que você provavelmente possui móveis com os quais tem alguma ligação. É de esperar que ele também.

Obviamente, o momento de conversar sobre isso é anterior ao de carregar o caminhão de mudança. A não ser que vocês realmente tenham a sorte de ter espaço para duas salas de estar, duas salas de jantar e um monte de quartos, as coisas de alguém vão ter de ser deixadas de lado. E as negociações continuam.

Quando eu e o Senhor Doméstico começamos a discutir como faríamos para juntar nossos trapos, elaboramos uma lista de exigências (bem, cada um de nós tinha uma lista de coisas indispensáveis). Alguns artigos eram inegociáveis: nossos respectivos equipamentos de trabalho, nossas relíquias de família, minha coleção de arte, as peças de carros dele, a enormidade de coisas de cozinha que acumulei ao longo dos anos, as peças de carros dele, minhas roupas, as peças de carros dele.

Também havia os itens negociáveis: os pratos (eu gosto de branco liso, ele gosta dos que havia comprado – isso nós não vamos discutir), colchões (o durão que ele jurava ser confortável ou o meu, perfeito), livros e discos (a gente precisava mesmo de dois Greatest Hits do Phil Collins... e por que ele tinha um disco desses afinal?). Coisas, enfim. Gastamos meses até que acertássemos todos os detalhes, mas conseguimos. Medimos objetos, discutimos se um certo móvel era realmente legal ou se estávamos apenas acostumados com ele; decidimos até sobre algumas coisas com as quais teríamos de conviver até que encontrássemos substitutos em comum acordo. E concordamos em continuar discordando em relação aos jogos de prato e aos colchões.

A velocidade na qual essa mudança aconteceu só pode ser descrita como lenta, feita em passos vagarosos cuja intenção era facilitar a transição. Afinal, eu estava me mudando para a casa na qual o Pacote Completo morava – sozinho – havia mais de dez anos. E, com sinceridade, não foi tão suave assim: sem entrar em detalhes, mas houve certos "incidentes".

Tudo bem, você vai querer saber os detalhes. Vamos lá. Acho que é justo. Por exemplo: em um esforço para ajudá-lo no processo de abrir espaço para minhas coisas, encaixotei tudo o que havia em suas estantes de livros. Tudo mesmo. Quando ele não estava em casa. (Ei, eu nunca disse que era perfeita, está bem?) Não é preciso dizer que, assim que tomou conhecimento de minha admitida ação intrometida, o Pacote Completo pediu que eu recolocasse todo o conteúdo nas estantes. E ele reforçou que eu provavelmente não gostaria se ele tivesse feito o mesmo com minhas coisas.

Também houve as incontáveis referências dele ao tanto de objetos que eu tinha.

– Meu Deus, quanta quinquilharia você tem! – ele costumava dizer.

– É verdade, tenho mesmo – respondia eu. – Você está fazendo apenas um comentário ou tem algum problema aí?

– Só estou comentando – dizia ele. – O que é tudo isso, afinal?

E então eu fazia um resumo do que quer que fosse.

– E para que você precisa de tudo isso mesmo?

Devo confessar que na terceira vez que essa conversa se repetiu eu já estava ficando impaciente com o processo. Então respondi de modo nada premeditado:

– Preciso das minhas coisas porque elas me pertencem, porque eu gosto delas. Vamos fazer um inventário das suas coisas só para passar o tempo, meu amor?

Como já avisei, não sou perfeita. E ele também não. Mas ninguém aqui disse que o Estilo da Mulher Poderosa Interior para a Intimidade funciona de vento em popa todos os dias, não é?

"As pessoas tomam mais cuidado para comprar um traje de banho do que para escolher um marido ou uma esposa. Os requisitos são

os mesmos. Procure algo com que você se sinta confortável. Deixe espaço para crescer."

~ Erma Bombeck ~

O ocupante anterior

A não ser que as duas pessoas envolvidas no relacionamento tenham menos que, digamos, uns 25 anos, são grandes as chances de você ir morar com alguém que já morou com outra pessoa.

Essa é uma questão que requer muita sensibilidade de ambas as partes. Existem algumas regrinhas simples que podem atenuar a transição.

- Se outra pessoa dormiu ali, compre um colchão novo. Mesmo que o atual esteja praticamente zerado. O mesmo vale para os lençóis (a não ser que sejam de 360 fios em algodão egípcio).
- Tenha em mente que qualquer decoração semipermanente foi provavelmente escolhida em conjunto por eles (pelo menos em algum grau). Portanto, sugerir gentilmente uma mudança será mais sensível (e eficaz) do que promulgar um decreto. (No entanto, é perfeitamente razoável apagar coisas como marcas das mãos na parede em cima da cama que não pertençam nem a você nem a ele.)
- Independentemente do que aconteça, caso ele se mude para sua casa não diga nada no estilo: "Talvez eu pos-

sa pedir para o meu ex trocar a penteadeira dele pela sua. Combina com o resto dos móveis do quarto". Mesmo que se trate apenas de um simples desejo de manter uma coerência no estilo dos móveis, e que isso faça realmente algum sentido, existe a chance de você ser, de alguma forma, mal interpretada.

Lembre-se de que essa não é a hora de esquecer que você sabe esperar.

Sylvia **por Nicole Hollander**

"Cada amigo representa um mundo dentro de nós, um mundo que possivelmente não existia antes da chegada de cada um deles, e é apenas por esse encontro que um mundo novo nasce."

~ Anaïs Nin ~

Capítulo 14

~ Outros relacionamentos ~

Todo especialista no campo da dinâmica interpessoal está convencido de que manter o contato com as amigas aumenta a chance de os relacionamentos serem duradouros. Quem sou eu para discutir? Além disso, minha experiência pessoal confirma essa tese. As amigas dão apoio, conforto e nos conhecem de uma maneira que nossos namorados não o fazem.

Ah, é claro, todo mundo diz que a pessoa amada é sua melhor amiga, mas vou fazer uma pergunta simples: seu namorado já foi comprar maiô ou biquíni com você? É claro que não, e – com a exceção de oito supermodelos com as quais todas as mulheres queriam se parecer – quem ia querer que ele fosse? E é para isso que existem as amigas, pois elas realmente entendem que é a luz que cria aquela sombra horrível refletida no espelho, que, por sua vez, é distorcido – nunca os incontáveis pedaços de bolo de chocolate que você come "só de vez em quando".

Mas você também precisa das amigas para manter um equilíbrio em sua vida. Você precisa das amigas para se lembrar de que, apesar de saber quanto os relacionamentos acrescentam em sua vida, não se trata de quantidade, mas de qualidade. Você precisa das amigas porque, se não as tivesse, ficaria chata demais, não é?

Honestamente, agora...

A verdade é que você precisa das suas amigas para se manter honesta. Porque as amigas – aquelas reais, verdadeiras, irmãs – são testemunhas da sua vida. E mesmo quando você quer se iludir, acreditando que não está incorrendo na Intimidade Tóxica, elas não permitem que isso aconteça.

As amigas, afinal, servem a um propósito em sua vida a que seu namorado não pode atender. Um exemplo? Você pode conversar com suas amigas sobre seu namorado. Isso dá a você a clareza e a perspectiva necessárias sobre a pessoa cuja existência pode nublar seu juízo. Pois são grandes as chances de que suas amigas, apesar de serem capazes de apreciar as boas qualidades dele, provavelmente não compartilhem a profundidade de sua paixão cega por um homem. Elas vão ajudá-la a saber esperar.

Minha amiga Martha envolveu-se com Dave, que era realmente charmoso e bacana em quase tudo, mas que tinha também uma irritante propensão a fazer comentários maldosos sobre ela na frente de outras pessoas. Sempre que isso acontecia, Martha – certamente uma das mulheres mais confiantes que conheço – dava uma risadinha falsa, mas todo mundo ao redor sabia que ela ficava chateada com o comportamento dele. Era fácil perceber como os olhos dela ficavam brilhantes e o rosto, avermelhado, toda vez que o namorado acertava uma daquelas estilingadas que afastavam para longe o que ela realmente sentia por ele.

Naturalmente, isso virou tema de discussão entre amigas certa noite.

– É claro que ele tem olhos azuis lindos. E aquelas covinhas são mesmo uma perdição – disse Elaine, nossa amiga em comum. – Mas qual é o motivo dessa provocação toda?

Se você estiver acompanhando o Estilo da Mulher Poderosa Interior para a Intimidade, vai prestar atenção a coisas assim.

•

Martha, entretanto, estava descendo pela ladeira da Bondade Tóxica.

– Ah, é só uma provocaçãozinha boba – respondeu ela, como se não fosse nada. – Deve ser o jeito dele de demonstrar carinho, algo assim.

Quando argumentamos que colocá-la para baixo não era nenhuma espécie de carinho, mas sim algo cruel, Martha começou a defender Dave – ele realmente não era chegado a demonstrações públicas de afeto, ela achava que seus comentários eram um modo de demonstrar que a conhecia bem, a família dele era realmente fria e blablablá. Até que ela disse: "É que vocês não o entendem", mesmo sabendo que estava enganando a si mesma. Era definitivamente a hora de ela saber esperar e refletir.

Depois de pensar no que estava dizendo, ela disse a Dave que não iria mais tolerar os comentários maldosos que ele fazia sobre ela.

– Não vou mais fingir que rio de mim mesma – avisou. – Eu trato você com respeito e espero o mesmo em retribuição.

Ela prometeu que toda vez que ele fizesse algum comentário maldoso, a partir daquele momento, ela se retiraria imediatamente da presença dele – não importa onde estivessem. E depois ela cumpriu a promessa, mais especificamente em um jantar com um cliente dele. Martha foi bastante natural. Ela apenas pediu licença e ficou no banheiro feminino por alguns minutos. Quando voltou para a mesa, Dave fez questão de declarar quão bonita ela estava naquela noite.

Levou certo tempo, mas as estilingadas de Dave finalmente cessaram. Ele descobriu até que algumas demonstrações de afeto – como um toque gentil nos ombros ou uma carícia nas costas das mãos – não eram tão difíceis de fazer quando ele e Martha estavam na presença de amigos.

O reverso da moeda

Amigas também podem ajudar a apontar os seus próprios – ai, como eu poderia dizer? Bem chamemos de... – comportamentos inadequados. Os homens, afinal, não são os únicos a cometer ações infantis, rudes, engraçadinhas ou mesquinhas. E mesmo aquelas de nós que estão em contato com o Estilo da Mulher Poderosa Interior para a Intimidade às vezes se tornam vítimas do canto da sereia das explosões de raiva e de reações similares.

Vamos usar como exemplo certa vez em que, antes de irmos morar juntos, o Senhor Aplicado resolveu organizar seus arquivos em vez de ir comigo à festa da minha amiga Teresa. Não interessa que ele estivesse fazendo aquilo para abrir espaço no cômodo que me serviria de escritório: fiquei indignada. E achei totalmente justificado externar em voz muito alta essa minha indignação com a grave falta de bom-senso dele.

– Olha, esta arrumação vai me custar pelo menos um dia inteiro e esse é o único tempo disponível que tenho – argumentou ele.

Mas eu não estava ouvindo a voz da razão e, depois de um extenso e acalorado monólogo sobre como ele me ignorava e achava que eu "estava no papo", saí bruscamente da casa dele e fui para a festa. Naturalmente, assim que Teresa me perguntou onde ele estava, não desperdicei a chance de presenteá-la com os mais sórdidos detalhes.

– Então, deixe-me ver se entendi – disse ela. – Ele está usando um dia livre dele para ficar em casa arrumando espaço para suas coisas e, na sua cabeça, isso é uma prova de que ele acha que você "está no papo"?

Tratava-se de uma verdade factual, mas não tão exata quanto eu imaginava.

– Então me explica de novo, porque eu acho que não entendi direito – pediu Teresa.

É claro que, quanto mais eu tentava explicar, menos razoável meu argumento parecia ser. E apesar de eu resistir à sugestão de que eu: a) devia um pedido de desculpas ao meu parceiro e: b) estaria sentindo algum desconforto com relação a ir morar com ele, Teresa me colocou de volta na linha. Em relação às duas questões.

Ela fez a gentileza de não ouvir meu telefonema para ele reconhecendo meu erro.

A companhia que você mantém

O papel das suas amigas não está, claro, limitado a policiar comportamentos repreensíveis. É importante lembrar que passar um tempo com as amigas – seja sozinha ou com seu parceiro – acrescenta um elemento essencial a sua vida: alegria. Passar momentos alegres com os amigos ajuda a enriquecer um relacionamento.

Sem mencionar o fato de que, se você não tem uma vida social fora da vida a dois, está pedindo para se meter em encrenca. Cogumelos crescem no isolamento e na escuridão. Relacionamentos, não.

Mas e se você não gosta dos amigos dele, ou ele não gosta dos seus? Ou talvez seja o contrário, e as amigas não gostam do seu namorado. Isso é sinal de perigo! Esta seria outra oportunidade para a prática do saber esperar. Se for verdade que é possível julgar uma pessoa pelas companhias que ela tem, então é preciso prestar atenção aos motivos que há por trás dessa antipatia. Ele acha que seus amigos representam alguma espécie de ameaça? Você acha que os amigos dele não passam de jovens imaturos que cresceram demais somente em tamanho e precisam de doses cavalares de amadurecimento? Ou simplesmente não existe nenhuma espécie de afinidade entre os seus amigos e a pessoa em questão? Não importa o motivo da antipatia, mas dê atenção a ela. Pois para passar do não gostar dos amigos dele ao não gostar dele, o caminho é muito curto.

Mary certa vez namorou um homem que parecia ter caído de amores por ela quase no mesmo instante em que a viu. Ela mal podia esperar para apresentá-lo às amigas. Mas ele não parecia ter a menor pressa em relação a isso.

– Estou curtindo tanto você! Não quero desperdiçar nem um minuto que tenhamos para ficar a sós – dizia Matt.

Isso parecia bastante romântico, a princípio. E Mary participava voluntariamente dessa maratona de "isolamento", que consistia principalmente em uma impressionante quantidade de sexo. No fim das contas, porém, eles conseguiram parar para tomar um fôlego por tempo suficiente para jantar com um grupo de amigas dela.

Foi desastroso. Ninguém derrubou nenhuma bebida, não houve nenhum incidente que levasse alguém a se levantar bruscamente da mesa e todos aproveitaram até a sobremesa. Mas Mary já sabia, graças àquela contínua sensação de borbulhas no estômago. E já sabia também graças ao fato de, em uma visita de reconhecimento ao toalete, ela ter perguntado para mim e para a Glória o que tínhamos achado de Matt e nós termos respondido.

– Interessante, mas ele é sempre chato desse jeito? Talvez ele esteja se sentindo um pouco tímido, mas não sai nada da boca dele além de um ou outro suspiro!

– Vocês o odiaram – Mary nos acusou.

– Não, não, nada disso! Como poderíamos odiar alguém que mal falou com a gente?

A resposta certa teria sido: "muito, na verdade". Mas estávamos tentando ser diplomáticas.

– Meu Deus, parecia que não ia acabar nunca! Eu não via a hora de sair com você dali para podermos ir para a cama – disse Matt quando estavam no carro, a caminho de casa, apertando a coxa de Mary. – Por que suas amigas são tão chatas? Você é tão inteligente! Achei que elas também fossem.

Isso foi estranho, pois a maior parte das pessoas que ele conheceu naquela noite na verdade era muito interessante. Mas o que foi mais estranho ainda foi o fato de, em vista do tempo que Mary e Matt ficaram juntos fazendo tudo menos conversar, ele ter sido capaz de desenvolver alguma espécie de avaliação da capacidade intelectual da namorada.

Sendo a Intimidade Tóxica o que é, Mary tentou ignorar o sinal de alerta vermelho soando em sua cabeça. Mas já era tarde demais – ela já havia se aprofundado muito no contato com a mulher interior que existia em si mesma. Então ela pediu a Matt que explicasse exatamente o que ele queria dizer com aquilo.

Cuidando dos negócios no estilo da mulher poderosa interior:

Quando você comete um erro em um relacionamento, e isso certamente vai acontecer, sua mulher poderosa interior quer que você se recorde das palavras de Rosalind Russell: "Tropeços fazem parte da vida e eu nunca fui mulher de me perder pelo caminho".

– Eu só quis dizer que achei que você tivesse amigas à sua altura. Você é tão maravilhosa!

Mary respondeu então que as amigas dela também não haviam gostado muito dele, já que ele praticamente tinha passado a noite inteira sem abrir a boca.

– Elas devem ter ficado com ciúme – respondeu Matt.

O que de certa forma pode ter sido verdade – algumas daquelas amigas estavam enfrentando problemas em seus relacionamentos naquela época, ou estavam no meio de longos períodos sem namorar. Mas isso era apenas um detalhe, e Mary sabia que aquela antipatia mútua iria fazer com que alguém – mais precisamente, ela – se sentisse muito desconfortável dali a algum tempo. Mais tarde, ela se sentiu como se tivesse que fazer uma escolha entre Matt e as amigas, mesmo que a escolha fosse simplesmente decidir o que fazer no sábado à noite. E todo mundo sabe o que acontece quando se obriga alguém a decidir entre um namorado e as amigas: qualquer uma das escolhas está errada.

Mary continuou saindo com Matt, mas o transformou em uma espécie de amante, Nem é preciso dizer que não durou muito.

Assuntos de família

É claro que você pode escolher suas amizades, mas não pode escolher seus familiares – nem ele pode fazê-lo.

Tente se lembrar disso. Particularmente se você não gosta de alguns membros da família dele – ou de nenhum.

Não quero entrar no debate da "natureza da criação", mas é praticamente certo que a família de uma pessoa exerce certa influência naquilo em que ela se transforma. Portanto, se você o ama, são grandes as chances de que a mãe, o pai, os irmãos ou as irmãs dele possuam algumas qualidades que valham a pena ser conhecidas. Cabe a você ter isso sempre em mente, e então tentar descobrir as tais qualidades compensadoras.

É importante que você lembre que, independentemente do que a mãe dele faça em reação ao fato de vocês dois estarem juntos provavelmente não é por culpa dele. Afinal, qual é a sua influência no comportamento da sua mãe?

Qualquer filho que um de vocês dois tenha tido pelo caminho, porém, é um outro assunto.

Se vocês têm filhos juntos, em algum momento acabarão por perceber que esse fato se transformou no foco de seu relacionamento como um todo. E apesar de certamente ser aconselhável que se leve esse assunto a sério, vocês também precisam se lembrar de nutrir o romance. Como minha amiga Barbara costuma dizer: "É importante lembrar o tempo todo o motivo pelo qual eu quis ter uma família com esse homem".

O acordo do pacote

Mas e se os filhos em questão tiverem vindo de um outro relacionamento? Apesar de existir certa tentação em fingir que não havia vida antes do início do namoro de vocês, todo esse desejo não faz com que a realidade seja essa. E viver o Estilo da Mulher Poderosa Interior para a Intimidade significa viver na realidade, afinal.

Isso quer dizer que você tem de aceitar o fato de que você (ou ele) podem seguir em frente depois do fim de um relacionamento amoroso, mas que nenhum pai ou nenhuma mãe se desvincula dos filhos. Então é bom que você goste dos filhos dele. Caso não goste, você vai ter de saber esperar. Você quer tentar desenvolver um relacionamento funcional com os filhos dele em favor do relacionamento? Ou você acha que eles vão desaparecer em um passe de mágica? Deixe-me dizer uma coisa: isso não vai acontecer.

Se ele não gostar dos seus filhos, você vai precisar realmente saber esperar e refletir. Porque homem nenhum no mundo vale o sofrimento de seus filhos. E se ele não conseguir ou não estiver disposto a tratar bem seus filhos, então você vai ter de considerar se ele realmente consegue ou está disposto a tratá-la bem.

Sylvia **por Nicole Hollander**

"Eu rompi com meu namorado porque ele queria se casar. Eu não queria que ele fizesse isso."

~ Rita Rudner ~

Capítulo 15

~ Rompimento ~

Às vezes os relacionamentos chegam a um ponto em que pelo menos um de vocês sabe que é hora de seguir em frente. Essa é a hora em que você simplesmente faz isso: segue em frente.

De fato, não é nada legal romper um relacionamento – pelo menos não enquanto isso está acontecendo. Se é você quem está promovendo o rompimento, você se sente péssima. Se a iniciativa parte dele, você se sente péssima. Você vai se sentir péssima de qualquer modo (a não ser, é claro, que o relacionamento seja tão péssimo que você se sinta flutuando quando terminar – e nesse caso eu lhe dou permissão para dançar).

Não interessa de que maneira, mas lembre-se de uma regra simples para a hora do rompimento: mantenha a dignidade. Infelizmente, não existe nenhuma palavra única para isso, mas pelo menos é uma frase curta e vai direto ao ponto.

Mas o "saber esperar" também funciona para o rompimento de um namoro. Para se ter um exemplo, esse método é muito apropriado para situações nas quais você possa se sentir tentada a deixar sua dignidade de lado e fazer alguma coisa sem pensar. Como dar aquela passadinha – sabe, quando simplesmente acontece de você dar aquela passadinha de carro na frente da casa dele no horário em que ele costuma chegar do trabalho? Todo mundo já fez isso, o que não torna essa uma decisão inteligente.

Ou talvez o "telefonema aceitável" seja mais o seu estilo. Quando Ginny rompeu com Mark, ela sucumbiu ao golpe do "telefonema aceitável". Um amigo de Mark deixou uma mensagem na secretária eletrônica de Ginny chamando-o para jogar dardos, como faziam todas as quintas-feiras. Apesar de o amigo ter dito que havia tentado encontrar Mark no escritório, Ginny achou que precisava ligar para ele para repassar a mensagem, imaginando que não conseguiria pregar os olhos à noite se ele perdesse o jogo de dardos com os amigos só porque ela não se importara de avisá-lo.

"Adoro sair para fazer compras quando termino um relacionamento ruim... Compro uma roupa nova e isso me faz me sentir melhor. Simples assim. Às vezes, quando vejo uma realmente linda, termino o namoro de propósito."

~ Rita Rudner ~

O que passou pela cabeça dela? Ginny certamente não estava tão preocupada assim com o jogo de dardos de Mark.

E as chances de não existir outro caminho a não ser o que passa pela rua dele também são próximas de zero. Não, o que você e Ginny provavelmente estavam pensando seria algo mais ou menos assim: "O que foi que eu fiz? Ele era maravilhoso! Sou uma idiota! Vou ficar sozinha pelo resto da minha vida!". Ou talvez vocês estivessem apenas pensando que terminar um relacionamento é realmente uma porcaria. E vocês estão certas. Então por que não aproveitar o sofrimento o máximo que puder? Vejamos alguns métodos verdadeiros, e testados, que foram desenvolvidos ao longo dos anos, para lidar com rompimentos:

•

- Ligue para suas amigas e alterne a conversa entre choramingos, explosões de raiva e súbitos acessos de riso.
- Grave para si mesma uma seleção com todas as suas canções românticas favoritas. Assim você terá uma trilha sonora feita sob medida para:
  a) aqueles momentos em que está simplesmente mergulhada na infelicidade e não tem energia nem para ficar zapeando entre os canais;
  b) aquelas longas noites em que você sai dirigindo por aí apenas para não ficar em casa ("Nós pintamos aquele quarto juntos! Buáááááááá!");
  c) os domingos, que todos sabem que são bem piores que as noites de sábado para quem acabou de romper um relacionamento. Escolha músicas como "All by myself" e outras do gênero. Apenas certifique-se de gravar uma ou duas músicas mais alegrinhas. Pois a verdade é que você vai sobreviver.

- Meredith, uma amiga minha, uma vez dispensada, reza pela cartilha do que ela chama de "três bês": Beethoven, Baudelaire e bebida. Ela alega que, quando nos deixamos levar por Beethoven (qualquer sinfonia serve), lemos Baudelaire e tomamos uns goles de bebida alcoólica, tornamos mais rápido o processo de percepção de como nossos problemas são pequenos se comparados com a imensidão da condição humana. Se você conseguir ler Baudelaire no original, em francês, melhor ainda.
- Mantenha-se ocupada, muito ocupada. Aceite todos os convites, ligue para todos os amigos que tiver e saia para fazer qualquer coisa com eles. Vale também limpar cada centímetro de sua casa do jeito antigo (com roupas de ficar em casa – sejam quais forem – e sem o aspirador de pó). Apenas certifique-se de que você não tem tempo para sentir os efeitos do rompimento, nem sequer para pensar neles; isso deve fazer com que você passe flanando pelo processo. Até que um dia chega o inevitável momento em que todos os sentimentos e todos os pensamentos que você vinha conscientemente ignorando desabam sobre sua cabeça como uma avalanche. Aí você pode tentar os métodos anteriormente citados de novo.

Tente evitar a clássica reação aos rompimentos. Por exemplo: envolver-se com outra pessoa imediatamente após terminar um relacionamento. Ah, claro, desse jeito você pode fingir que suas mudanças de humor decorrem da excitação provocada pelo novo relacionamento. Mas esse método não funciona por muito tempo. E você provavelmente terá que passar por todo o processo de rompimento mais uma vez.

A ideia que há por trás de experimentar e destrinchar a completa abrangência emocional do rompimento é de que isso vai verdadeiramente ajudá-la a superar o fim de um relacionamento. E isso ajudará você a obter o distanciamento necessário para aprender de verdade com o fim de um relacionamento. Se você estiver seguindo o Estilo da Mulher Poderosa Interior para a Intimidade, todo relacionamento será bom – mesmo aqueles que terminam – porque todos eles a ajudarão a saber quem você é e o que quer.

Isso significa que você vai sair do processo de rompimento pronta para ingressar em um relacionamento novo e melhor quando for o momento certo.

Sylvia **por Nicole Hollander**

"O casamento é um souvenir do amor."

~ Helen Rowland ~

Capítulo 16

~ Casamento de verdade ~

Depois de já estar há algum tempo em um relacionamento, a questão do casamento provavelmente vai aparecer. Em uma situação ideal, vai aparecer porque você e seu amado decidiram que querem ter um compromisso duradouro um com o outro. Não existe nenhum outro motivo real para discutir esse assunto: outras pessoas quererem saber ("mas então isso é sério ou não?") não é razão suficiente para cogitar o casamento. Mesmo que seja sua mãe quem pergunte.

Você já sabe o que eu vou dizer, então diga junto comigo: "espere".

Se você acha que está pronta para declarar sua devoção ao parceiro de maneira formal, esse sim é um bom motivo para se casar. Se você acha que só quer uma oportunidade para usar um caro vestido branco, brincar de "princesa por um dia" e ganhar um monte de presentes caros de amigos e familiares, então é melhor pensar um pouco mais e esperar. Pois existe uma enorme diferença entre festa de casamento e casamento. Por uma simples razão: a festa de casamento dura algumas horas; casamentos duram (assim se costuma imaginar) muito mais.

O Estilo da Mulher Poderosa Interior para a Intimidade não é contrário aos casamentos, você sabe disso. É que há o risco de haver uma confusão entre se casar (exemplificado pela festa de casamento) e ser casada.

Conheço um número surpreendente de mulheres que dizem ter começado a planejar o casamento bem antes da adolescência. Algumas delas estavam com tanta pressa para colocar o plano em andamento que se casaram com o primeiro homem que lhes apareceu. Quando o fizeram, realmente conseguiram festas de casamento incríveis, mas houve um lado negativo: elas acordaram no dia seguinte ao lado de homens que não conheciam direito.

"Como foi que isso aconteceu mesmo?", certamente pensou cada uma delas.

Isso aconteceu porque elas se apegaram à fantasia contida naquela simples frase, que tanto ouvimos: "... e eles viveram felizes para sempre".

Esta é uma das maiores mentiras já contadas!

Não porque o casamento deva ser motivo de dor – não é, nem passa perto disso. O problema com essa frase é que, apesar de ela ser um jeito maravilhoso de se terminar uma historinha, o casamento não é um pacto para pessoas viverem felizes para sempre. É um processo em contínua expansão, cheio de contas a serem pagas, de roupas a serem lavadas, de compras de mercado a serem feitas e de todos os seus intermináveis e fortalecedores detalhes, pontuados por gargalhadas, conflitos, grandes jantares, maravilhosas experiências compartilhadas e ocasionais brochadas. Exatamente como é a vida.

Isso significa, portanto, que você não para de esperar depois que a Marcha Nupcial termina.

> *"Há um monte de coisas ótimas em não ser casada. Mas uma das piores coisas é que ninguém acredita nisso."*
>
> ~ Stephanie Brush, em *McCall's* (1993) ~

Sabe quando você se empanturra de tanto comer e jura a si mesma que nunca mais vai comer tanto? Quando se dá conta, já está na hora do café da manhã, o bolo está na sua frente, em cima da mesa, e o processo começa de novo. O mesmo acontece no casamento. No dia seguinte à festa, sua vida recomeça.

Se você estiver vivendo segundo o Estilo da Mulher Poderosa Interior para a Intimidade, esse recomeço é uma coisa boa. Mas não há como negar que o casamento muda um relacionamento. Algumas dessas mudanças são discretas, mas outras não são nada sutis. Por exemplo:

- A questão de ter um relacionamento está agora "acomodada" na sua vida. A boa notícia é que você não precisa mais empenhar tanta energia em encontros. A má notícia é que, ao estarem comprometidas, é mais fácil as pessoas acharem que não precisam mais se esforçar.

- Se você mudar seu sobrenome, é possível que ocorra alguma espécie de crise de identidade. Muitas mulheres comentam a sensação de estranheza quando as pessoas as chamam por seus nomes completos e "de repente" surge o sobrenome do marido. (Isso pode ser evitado se você não mudar de nome. Usar o sobrenome dos dois sugere comprometimento.)
- De algum modo, o aparentemente simples ato de casar transmite às pessoas a ideia de que elas podem questionar sua vida reprodutiva.
- São grandes as chances de que, depois de casar, suas finanças se transformem em uma questão conjunta (isso se já não forem).
- Pode haver algumas surpresas. Não importa o quanto vocês achem que se conhecem, mesmo que já estejam morando juntos; uma vez casados, descobrirão comportamentos antes desconhecidos.

Confundindo o marido com um chapéu

Entre as pessoas casadas, existe uma tendência de se referirem a seus parceiros pelo título ("meu marido" ou "minha esposa"). Isso às vezes induz a um tipo específico de confusão – você começa a pensar na pessoa com quem está casada como alguma espécie de patrimônio. Apesar de ser totalmente compreensível – pense na lista de coisas que você chama de "suas": minha cadeira confortável, minha toalha de mesa, meu passaporte, meu telefone celular... – tal tipo de referência é inexato, para dizer o mínimo.

Mesmo existindo uma maravilhosa sensação de conforto e segurança no fato de ter alguém para chamar de seu, os problemas começam quando a segurança se transforma em condescendência. Saber esperar ajuda a escapar do problema, pois, se você está pensando em *sua* vida, você não deixa de ter consciência em relação aos seguintes aspectos: a) ao seu casamento e b) à pessoa com quem está casada.

"E então...? Boas notícias?"

Durante os dois primeiros anos do casamento de Cláudia e John, a sogra dela iniciou absolutamente todas as conversas com as duas perguntas insistentes acima. Apesar do fato de tanto Cláudia como John terem conseguido duas promoções no trabalho naquele intervalo de tempo, a mãe de John parecia nem ligar. O que ela queria saber era quando seria vovó.

Apesar de existir a possibilidade de você pensar que seu planejamento familiar é um assunto pessoal, o fato é que os membros de sua família têm uma participação nisso – cada filho seu terá parentesco com seus familiares também. E apesar de parecer difícil saber esperar quando se está sob constante interrogatório e comentários como "a filha da Glória se casou no ano passado e já tem gêmeos", espere mesmo assim. Pois até a mais devotada das avós vai jogar essas crianças de volta para você em algum momento.

Saber esperar em relação a dinheiro

Segundo especialistas, casais brigam mais por causa de dinheiro do que por qualquer outro motivo.

O dinheiro pode ser um assunto incrivelmente emocional, mas isso se torna especialmente verdadeiro se você e seu amado tiverem modos diferentes de lidar com a questão. E são grandes as chances de vocês cuidarem do assunto cada qual a sua maneira.

Portanto, saber esperar é muito importante no que diz respeito às finanças do casal. Porque se vocês não forem claros em relação ao que pensam sobre dinheiro, não poderão conversar sobre como pretendem administrá-lo no contexto do seu relacionamento. Se você não sabe o que pensa em relação a dinheiro, você jamais vai conseguir solucionar as inevitáveis discussões sobre esse assunto.

Você acha que isso não vai acontecer no seu relacionamento? Seria ótimo, mas é terrivelmente irreal pensar isso. Em algum momento um de vocês dois vai querer gastar dinheiro em alguma coisa que o outro não quer e, *voilà*, eis uma discussão.

Pode ser algo simples como um querer pedir uma pizza e o outro querer jantar numa churrascaria; ou uma situação complexa como decidir ou não matricular os filhos em uma escola particular.

"Uma vez eu li que, em um bom casamento, um parceiro é o jardineiro e o outro, o jardim.

Eu e meu marido sempre nos revezamos para sermos as duas coisas."

~ Meryl Streep ~

O dinheiro pode motivar uma discussão até mesmo quando o assunto não vem à tona explicitamente. Por exemplo: Zach achou que seria uma ideia maravilhosa fazer um cruzeiro para a Antártida nas próximas férias que tirasse com Deise.

– Pinguins! Um monte de pinguins fazendo coisas de pinguins!

Deise tinha uma ideia melhor:

– A Antártida é um lugar frio demais. Por que a gente não passa uma semana com minha mãe no apartamento dela em Boca Ratón, na Flórida, então?

Qualquer pessoa em sã consciência sabe que a ideia de ir a Boca Ratón é uma tragédia anunciada. E Zach disse isso. E seu comentário deu início a uma discussão que abrangeu tudo, desde o dia em que Deise queimou as cortinas da sala de jantar (mas as velas na janela pareciam uma boa ideia naquela hora!) à mania de Zach de sempre responder a qualquer coisa dizendo "certo". (Esse não é um bom exemplo do estilo da mulher poderosa interior para o gerenciamento de conflitos.)

Depois que a poeira baixou, Deise finalmente admitiu que o verdadeiro motivo de não querer viajar à Antártida era o fato de que gastar tanto dinheiro em uma viagem lhe causava pânico.

– E se acontecer alguma emergência e precisarmos do dinheiro?

– Mas nós temos dinheiro para pagar! – respondeu Zach, e acrescentou que não havia sentido ter dinheiro e não poder usá-lo.

Depois de muita negociação, optaram por uma alternativa com a qual os dois ficaram felizes: gastaram metade do dinheiro em uma visita ao zoológico de San Diego (onde há pinguins), guardaram a outra metade e começaram a economizar para viajarem à Antártida posteriormente.

"Só é possível viver feliz para sempre fazendo isso no dia a dia."

~ Margaret Bonnano ~

Surpresa, surpresa, surpresa

Existem algumas mudanças muito específicas que podem vir junto com o advento do casamento; porém, algumas delas acontecem em um nível praticamente subconsciente. Existe o fenômeno no qual um ou ambos os membros do casal começam a se comportar como se fossem respectivamente pai e mãe um do outro. Como certa vez me disse uma amiga:

– Eu e ele somos um grande casal, mas o pai dele e a minha mãe não dão certo. Quando começamos a agir como eles, precisamos nos dar conta disso.

Também existe a síndrome do "passei a desempenhar um papel e agora não consigo sair dele".

Peguemos como exemplo minha amiga Marsha. Eu achava que Marsha estava em contato com a mulher poderosa que existe dentro dela desde que nasceu. Era a última pessoa no mundo que imaginei que um dia viesse a sucumbir à Intimidade Tóxica. E por um longo período foi justamente isso que aconteceu.

Por cerca de um ano depois que ela e Dan se casaram, Marsha percebeu que havia se transformado na "Esposa", naquela típica dona de casa exemplar de seriado de TV.

– Era como se eu tivesse me transferido para o papel da esposa de uma novela dos anos 1950, ou algo nesse estilo – ela me contou. – Só faltavam as mangas bufantes.

Obviamente, Marsha havia descido as ladeiras da Intimidade e da Bondade Tóxicas. Em relação a Dan, ele estava relaxando ao ter alguém o reverenciando e fazendo tudo por ele. Quem não teria feito o mesmo? Como Marsha não queria se separar dele, ela sabia que teria de praticar a espera até que o papel de esposa funcionasse também para ela. Ela teve que rejeitar a noção de que ser uma boa esposa significa agir igual a uma dona de casa exemplar. Ela seria uma esposa nos seus próprios moldes, à la Marsha. E ela conseguiu ao saber esperar e refletir.

O grau de mudança

Uma vez que a única constante na vida é a mudança, em um mundo perfeito, os casais amadureceriam e mudariam na mesma graduação, mas em trilhas paralelas.

Só que, repetindo mais uma vez, não vivemos em um mundo perfeito.

Mas e se houver disparidade no grau em que você e seu amado amadurecem? Bem, é muito provável que isso seja natural – afinal, vocês se casaram, não foram clonados. E ainda que suas vidas não sejam espelhadas uma na outra, a não ser que um dos dois viva como o Dalai Lama e o outro pertença a um grupo de vândalos, deve haver conflito, mas isso não significa necessariamente o fim do casamento. Tudo isso significa que existem diferenças, o que na verdade pode ser uma coisa boa – qual é a melhor maneira de se combater a complacência?

Pense assim: a probabilidade de duas pessoas encararem a vida da mesma maneira é mínima. E, na verdade, isso provavelmente seria muito chato, apesar de ser assustadora a ideia de uma pessoa promover uma grande mudança em si mesma e seu parceiro permanecer igual.

Vejamos o caso de meus amigos Colleen e Patrick, que se casaram dois anos depois de se formarem na faculdade. Naquela época, os dois tinham bons empregos, dos quais realmente gostavam, e embarcaram em um estilo de vida que só poderia ser descrito como a vida dos sonhos de um rico – promoções e bônus, viagens realmente maravilhosas, carrões e tudo mais. E os dois adoravam essa vida. Mas então Colleen começou a se questionar se era aquilo que ela queria e que merecia para sua vida. O que começou com uma ruminação esporádica transformou-se em uma preocupação em tempo integral. Todas as conversas iam parar nesse assunto; isso quando já não começavam nele.

– Pat – dizia ela, acordando-o no meio da noite –, você não acha que existe algo maior além de tudo isso?

Pat, que quase sempre tinha alguma reunião logo na hora do café da manhã, não compartilhava daquela curiosidade.

– Querida, não vai haver mais nada disso se você não me deixar dormir – dizia ele.

Pelo menos era o que ele respondia no início. Depois de algum tempo, Pat passou a se tornar mais impaciente com os devaneios de Colleen. Até que uma noite gritou e disse a Colleen que arrumasse alguma coisa para fazer – algo que servisse para que ela e ele pudessem dormir decentemente.

E foi o que ela fez. Colleen embarcou em uma busca pelo significado de sua vida. E depois de muito pensar e se autoexaminar, aquela busca a fez frequentar uma igreja: Colleen pretendia se tornar pastora. Aquilo foi um choque para Patrick, que jamais havia pensado em religião depois de casar. Ao que parecia, ela estava abrindo mão de um enorme salário e de um grande prestígio para fazer aquilo – o que significava o fim do estilo de vida ao qual ambos haviam se habituado. Ele não ficou exatamente contente com a escolha dela.

Aquele foi o fim do casamento entre Patrick e Colleen? Não, apesar de terem ocorrido momentos nos quais chegou a parecer para ambos que o casamento não resistiria a toda aquela transformação. Mas, apesar do fato de Patrick não compartilhar a dedicação de Colleen à religião, ele era devotado a ela e ao casamento deles.

– Prometi amá-la e respeitá-la – explicou ele. – Na riqueza e na pobreza. Não é porque eu não considero seu plano uma boa ideia que eu vou virar as costas para você. Além disso, eu meio que gosto de falar "minha esposa, a reverenda": isso pega as pessoas do trabalho desprevenidas.

Às vezes ele até vai à igreja com ela, quando não tem nenhum jogo de golfe agendado.

Entretanto, nem sempre as coisas funcionam desse jeito. É claro que a maioria das pessoas não passa por mudanças tão radicais quanto a de Colleen. Mas seria ingênuo – e até um pouco injusto – esperar que uma pessoa continue a mesma durante grande parte da vida só porque você se casou com ela quando ela era de uma maneira, não é mesmo? É só parar para pensar em quantos cortes de cabelo diferentes você usou no decorrer dos últimos cinco anos.

Sylvia **por Nicole Hollander**

"Se o amor é a resposta, você poderia, por favor, refazer a pergunta?"

~ Lily Tomlin ~

Capítulo 17

~ No fim das contas ~

Então, qual é o resultado final do Estilo da Mulher Poderosa Interior para a Intimidade? É bem simples:

1. Você será livre para ser você mesma no mais íntimo dos relacionamentos de sua vida.
2. Você terá tudo o que deseja do seu relacionamento.
3. Você não vai se desgastar perdendo tempo em relacionamentos que não passam de becos sem saída.
4. Você se sentirá mais confortável com sua situação amorosa, seja ela qual for.

Em outras palavras, as chances de você ter um relacionamento de sucesso aumentam se você tentar agir adotando o Estilo da Mulher Poderosa Interior para a Intimidade em vez de recorrer à Intimidade Tóxica. Isso significa que qualquer relacionamento que você venha a ter vai enriquecer sua vida. Você vai se sentir feliz, contente, segura; suas chances de obter o que deseja e necessita de um relacionamento serão maiores; você se sentirá conectada à outra pessoa; e, mesmo que você saiba que é capaz de viver sem ela, não vai fazer essa opção.

Mas e se tudo mudar?

Você sabe o que fazer: esperar. É inegável que nem todos os relacionamentos duram. Nem todos os relacionamentos são feitos para durar. Mas o fato é que uma comunicação boa e clara entre os parceiros aumenta as chances de um relacionamento vingar, e a boa comunicação começa com a capacidade de saber esperar.

E se você estiver no meio de um relacionamento que começou antes da leitura deste livro? Esse relacionamento está fadado ao fracasso?

Acho que não.

E se você perceber que, apesar de suas melhores intenções, você ingressou em alguma espécie de Bondade Tóxica que está afetando seu namoro? Você deve desfazer seu relacionamento atual e iniciar um novo com outra pessoa?

Não, provavelmente não.

Apesar de ser difícil trocar de cavalo quando se está no meio da travessia de um riacho (ou mudar seu comportamento, no caso), nunca é tarde para começar a praticar o Estilo da Mulher Poderosa Interior para a Intimidade. E se você iniciou uma lenta mas consistente descida pela ladeira da Intimidade Tóxica, há sempre a possibilidade de se recuperar da queda.

"... o amor que você recebe é igual ao amor que você dá."

~ John Lennon/Paul McCartney ~

Lembra-se da minha amiga Samantha, que se reinventava para cada namorado que arrumava e acabou sendo largada pelo modesto John? Depois que John terminou com Samantha pelo fato de ela ter mudado demais seu comportamento depois que eles começaram a sair, ela enxergou uma luz.

– Talvez eu deva parar de tentar ser quem esses homens querem que eu seja e começar a ser apenas eu mesma – ela me disse.

Então ela colocou um ponto-final em seu hábito de se transformar e passou a se questionar consistentemente no que estava pensando toda vez que sentia aquela vontade quase incontrolável de agir de outra maneira que não fosse naturalmente.

Os resultados a deixaram surpresa.

– Muitas vezes eu me pego pensando que se agir de uma determinada maneira talvez o cara goste mais de mim – ela me disse. – Faço isso até mesmo quando ainda nem tenho certeza de que gosto dele.

Não é preciso dizer que esse processo de conscientização foi difícil para Samantha. Mas a boa notícia é que ela é bastante dedicada.

Outra boa notícia é que, apesar de eles terem se separado, Samantha e John mantiveram contato. Como acontece às vezes, assim que ele saiu da vida romântica dela, os dois tornaram-se bons amigos. E também como acontece às vezes, ela e John voltaram a namorar. E apesar de Samantha ser a primeira pessoa a admitir que ainda luta contra a Intimidade Tóxica, ela vai preferir continuar lutando a voltar a ser como era antes.

Essas mudanças podem acontecer sem que ocorra um rompimento. É possível aplicar o Estilo da Mulher Poderosa Interior para a Intimidade quando um relacionamento já se encontra em estágio avançado, apesar de ser natural que ocorra um período de turbulência durante essa transição.

Peguemos Binnie como exemplo. Binnie havia aperfeiçoado o que Marsha (lembra-se dela?) tinha começado, mas ela e Jerome estavam juntos havia muito mais tempo do que Marsha e Dan. Vou contar um pouco sobre Binnie. Ela era uma das únicas três mulheres em uma turma de mais de 200 pessoas na faculdade de Medicina, isso na época em que mulheres costumavam virar enfermeiras, não médicas. E essa mulher maravilhosa e bem-sucedida cuidava simplesmente de tudo para seu marido, Jerome. Ele não sabia nem fritar um ovo e costumava alardear que seria incapaz de encontrar sozinho uma xícara de café na própria cozinha. Binnie não gostava dessa condição; na verdade, ela até se ressentia disso. E esse ressentimento foi crescendo até que ela considerou a possibilidade de separar-se de Jerome.

O problema era que ela amava Jerome, então decidiu esperar. Cada vez que ela sentia uma vontade incontrolável de fazer alguma coisa para ele, e que o marido podia muito bem fazer sozinho, ela sentava e ficava se perguntando "onde estou com a cabeça?" até a vontade passar.

No começo dessa transição, os dias de Binnie e Jerome eram repletos de diálogos mais ou menos assim:

Jerome: – Acho que quero café e torradas no café da manhã.

Binnie (depois de um longo silêncio): – Tem café fresquinho e uns pães bem gostosos na cozinha.

Jerome: – Isso parece ótimo.

De início, quando Binnie não se movia em direção à cozinha, Jerome dava uma ou duas indiretas. Depois que ela ensinou a ele exatamente como fazer café com torradas, ele mesmo se levantava e ia fazer sozinho – uma atividade que resultou em várias torradas carbonizadas e em um líquido meio esquisito na cafeteira em diversas ocasiões.

Depois de algum tempo, porém, Jerome começou a dominar as técnicas básicas das tarefas mundanas. Em certo momento, Binnie elevou as apostas. Ela começou a pedir a Jerome que parasse no mercado ao voltar do trabalho. No início ele reclamou, naturalmente, mas Binnie elaborou uma lista e forçou-se a permitir que Jerome fizesse as compras.

Hoje Jerome faz todas as compras, lava as roupas, passa aspirador pela casa e ainda limpa a cozinha depois de todas as refeições. Ele é tão ágil que a mesa já está limpa um minuto depois que o jantar acaba.

– O último pedaço de comida está no garfo, a caminho da boca, e o prato já foi tirado – diverte-se a irmã dele.

Binnie apenas senta e espera Jerome levar um café para ela.

O ponto é: nunca é tarde demais para saber esperar.

Este livro foi composto em
ITC Serif Gothic e Script MT para a
Editora Planeta em março de 2013.